民航安全管理
与应急处置

MINHANG ANQUAN GUANLI
YU YINGJI CHUZHI

孙佳 等 编著

中国民航出版社

图书在版编目（CIP）数据

民航安全管理与应急处置 / 孙佳等编著. —北京：
中国民航出版社，2012.9（2024.8 重印）
ISBN 978-7-5128-0085-4

Ⅰ.①民…　Ⅱ.①孙…　Ⅲ.①民航运输 - 安全管理
②民用运输 - 突发事件 - 应急对策　Ⅳ.① F560.6

中国版本图书馆 CIP 数据核字（2012）第 198609 号

民航安全管理与应急处置

孙佳　等　编著

责任编辑	姚祖梁　韩景峰
出　版	中国民航出版社（010）64279457
地　址	北京市朝阳区十里河桥东中国民航报社二层（100122）
排　版	中国民航出版社录排室
印　刷	北京金吉士印刷有限责任公司
发　行	中国民航出版社（010）64297307　64290477
开　本	787×1092　1/16
印　张	10.75
字　数	241 千字
版 印 次	2012 年 9 月第 1 版　2024 年 8 第 11 次印刷
书　号	ISBN 978-7-5128-0085-4
定　价	26.00 元

官方微博　http://weibo.com/phcaac
淘宝网店　https://shop142257812.taobao.com
电子邮箱　phcaac@163.com

前　言

改革开放以来，中国民用航空的发展取得了举世瞩目的成就，航空运输保持快速增长，航线网络日益拓展，机队规模不断扩大，机场和配套设施建设日臻完善。中国民航始终坚持"安全第一"的方针，运输飞行事故率总体呈不断下降趋势，航空安全管理水平持续提高，全民航每百万小时重大事故率，已由上世纪 50 年代的 0.42 下降到今天的 0.06，航空安全工作取得了长足的进步。

民航业在我国的经济、政治、社会、军事、外交、文化等领域发挥着十分重要的作用，要确保中国民航安全、有序、快速、可持续发展，就必须确保中国民航安全工作水平不断提升。民航安全管理可分为事前的风险管理、事中的应急管理以及事后的事故与事故征候调查三个阶段。民航安全管理的主要任务是通过安全风险管理预防事故发生，然而一旦发生事故，相关人员如何迅速进行正确的处置，以防止事故蔓延或出现再生事故，就显得尤为重要。

当前，我们急需专业的民航安全管理和应急处置方面人才，但目前国内民用航空安全管理和应急处置方面的教材和培训资料不多，比较系统地反映民航安全管理和应急处置的理论与实践的专业书籍就更少。相信本书的出版将会在一定程度上弥补这方面的不足。

本书共分九章，对民航安全管理和应急处置的理论和实践都作了深入浅出、通俗易懂的阐述，不仅适合民航大专院校学生使用，也可用于指导广大民航从业人员的日常工作，对想了解和关心民航安全管理和应急处置的人士也会有所帮助。

本书由中国民航管理干部学院（中国民航安全学院）航空安全管理系教师团队集体编写，其中第一章由孙佳编写，第二章由王文俊编写，第三章由张向晖编写，第四章由曹海峰编写，第五章由隋佳、张蕾编写，第六章由杨志东编写，第七章由于航、白福利编写，第八章由白福利、于野编写，第九章由孙佳、白福利、李彤编写。该教材在编写过程中，得到了民航局航空安全办公室领导的关怀和指导，并参考了大量相关文献和资料，在此谨向给予过此书帮助的各位专家和文献作者一并表示谢意！

由于编者水平有限，书中难免有诸多不足之处，真诚希望广大读者批评指正。

编者

2012 年 8 月

目　录

第 1 章　民航安全管理概述

1.1 民用航空运输系统

1.1.1 民用航空运输系统概况

民航业是国民经济的重要基础产业，是综合交通运输体系的有机组成部分，其发达程度体现了国家的综合实力和现代化水平。20 世纪 50 年代以来，民用航空的服务范围不断扩大，已经成为国家的重要经济部门。民用航空一般分为运输航空和通用航空。由于具有快速、安全、舒适和不受地形限制等一系列优点，运输航空在交通运输结构中占有独特的地位，它促进了国内和国际贸易、旅游和各种交往活动的发展，使在短期内开发边远地区成为可能。通用航空在工、农业方面的服务主要有航空摄影测量、航空物理探矿、播种、施肥、喷洒农药和空中护林等。它具有工作质量高、节省时间和人力的突出优点。

民用航空的基本要求是安全可靠，对运输航空的客运和通用航空的通勤、公务飞行来说，还要求准时和舒适。新中国民航成立 60 多年来，在国家经济社会全面发展的带动下，中国民航持续、快速、健康发展，规模、质量和效益都跃上了一个新的台阶。

民用航空从组织体系上可分为四部分，即政府部门、机场系统、空管系统、航空器使用部门。

在我国，政府部门就是中国民用航空局、地区管理局及其派出机构。民航局代表政府制定民航业的各项法规，对民航各方面的工作进行总体规划管理，对驾驶员进行资格认证和考核，负责国际民航业的重大外事活动，监督处理重大航空安全事务等。

机场系统很庞大。机场是空中运输和地面交通的结合点，也是各类航空器在地面时的停放地点，除此以外它还有国家和地区门户的作用；它需要配备很多项目的服务设施为飞机、旅客和货物提供安全服务。因此机场的品质直接影响到该地区的形象及经济活动。

空管系统主要涉及对航空器的空中活动进行管理和控制的业务，包括空中交通管制业务、航空情报和告警业务；它的任务是：防止航空器相撞，防止机场及其附近空域内的航空器同障碍物相撞，维护空中交通秩序，保障空中交通畅通，保证飞行安全和提高飞行效率。

航空器使用部门就是广大的航空器使用者，既有各个航空运输企业，也包括使用飞机进行通用飞行的单位和个人，以及为他们提供服务的其他行业，如航空油料、飞机维修、航空材料、航空配餐、客货代理、驾驶员及机务人员培训等等。这许许多多的小部门组成了民航运输的大行业，才使得民航运输开展起来。

1.1.2 中国民航"十一五"期间成绩回顾

"十一五"时期，在党中央、国务院的正确领导下，全行业认真贯彻落实科学发展观，胜利完成了"十一五"规划确定的主要目标和任务。经过五年的努力奋斗，我国民航服务能力快速提高，具备了先进的安全理念和水平、较为雄厚的物质技术基础和基本完善的管理体制机制，行业发展站在了新的起点，并为长远可持续发展奠定了重要基础。

1. 航空业务规模快速增长。2010 年，完成运输总周转量 538 亿吨公里、旅客运输量 2.68 亿人、货邮运输量 563 万吨，五年年均分别增长 15.6%、14.1%和 12.9%。航空运输旅客周转量在综合交通运输体系中的比重提升 2.7 个百分点。运输机队总量达到 1597 架，是 2005 年的 1.85 倍。通用航空作业飞行 14 万小时，教学飞行 21.4 万小时，年均分别增长 10.5%和 15%。通用航空机队规模翻番，达到 1010 架，新兴业务领域不断拓展。全行业完成北京奥运会、上海世博会、广州亚运会等重大航空运输保障任务，在汶川、玉树地震救援等突发事件的紧急运输中发挥了重要作用。

2. 整体发展质量稳步提升。全行业实现了连续安全运行 69 个月、2150 万飞行小时，创造了我国民航历史上新的安全纪录。运输飞行百万小时重大事故率为 0.05，比"十五"期间降低了 0.14。2010 年，航班客座率、载运率分别达到 80.2%和 71.6%，五年提高 8.7 和 6.6 个百分点，航班正常率 81.5%，飞机日利用率 9.4 小时。全行业五年累计利税超千亿元，是"十五"期间的 5 倍。

3. 基础设施能力大幅提高。基础设施建设五年共投资 2500 亿元，约为前 25 年民航建设资金之和。2010 年运输机场达到 175 个，五年新增 33 个，覆盖全国 91%的经济总量、76%的人口和 70%的县级行政单元。旅客吞吐量超过 1000 万人次的机场数量翻番，达到 16 个，首都机场客运和浦东机场货运总量位列世界第二名和第三名。空管设施建设加快，飞行高度层垂直间隔缩小，管制能力提高，2010 年保障起降 605 万架次，五年年均增长 15.2%。航油储备能力 218 万立方米，年供油 1600 万吨。

4. 科教兴业战略持续推进。科技投入加大，科研条件改善，创新能力不断增强。新一代国家空中交通管理系统等重大科技成果得到应用。电子客票全面普及，简化商务不断扩展，电子政务系统基本建成。设立了上海、沈阳航空器适航审定中心和成都航油航化适航审定中心。直属院校建设取得较大进展，在校生规模达到 5 万人，有力支持了行业快速发展。

5. 行业管理能力逐渐增强。先后提出"和谐民航建设"、"持续安全理念"和"民航强国战略"，顶层设计和战略引领作用明显。修订《中华人民共和国飞行基本规则》，出台《民用机场管理条例》，法规建设取得新进展。有效应对国际金融危机巨大冲击，稳妥推进民航价格改革，行业财经政策为航空安全、支线航空和通用航空等提供了重要资金保障，宏观调控能力增强。空管系统实施政事分开。两岸实现全面直航。国际交流与合作日益增多，与我国签署航空运输协定的国家达到 112 个，五年内增加了 13 个。高票连任国际民航组织一类理事国，国际影响力逐步增强。

1.1.3 中国民航安全水平

新中国民航成立 60 多年来，全行业在航空安全方面牢固坚持"安全第一，预防为主，综合治理"的方针，创新安全理念，完善法规规章，改革管理体制，打牢安全基础，开展交流合作，加强企业自律，加大政府监管力度，使得我国民航的航空安全水平持续提高。

2007 年，国际民航组织对我国民航进行安全审计，结果表明我国民航执行国际标准与建议措施的符合率为 87%，这一结果在已经接受审计的 53 个国家中名列前茅。

我国民航安全工作的主要做法：一是不断健全安全监管体系，形成"民航局—地区管理局—省（市、区）监管局"的安全监管组织体系；二是不断完善安全规章体系，形成以《安全生产法》、《民用航空法》为主体的法律、法规、规章和标准体系；三是不断创新安全管理理念，相继提出"飞飞整整"、"三老四严"、"五严"等安全管理理念；四是持续加大安全监管力度，开展安全隐患排查，加强对安全形势的掌控，严肃处理安全违规行为；五是创新安全管理手段，开展安全审计，建设安全管理体系；六是加大安全生产投入力度，积极采用安全新技术，改善安全生产设施设备，加强专业技术人员培训，推进安全科研工作；七是重视对外合作与交流，加强与国际民航组织、各国政府、飞机制造商在安全技术、安全管理方面的交流和合作。

"十一五"时期，中国民航运输航空重大及以上事故率、事故征候率均呈下降趋势（如图 1.1、图 1.2 所示），安全运行品质不断提高。中国民航实现了运输航空连续安全飞行 5 年 9 个月、2150 万小时，创造了中国民航历史上新的安全记录。2010 年中国民航运输航空重大事故率五年滚动平均值为 0.05，实现了"十一五"安全生产规划设定的"运输飞行每百万飞行小时重大事故率低于 0.3"的安全目标。

自 2005 年以来，中国民航亿客公里死亡人数一直低于世界平均水平（如图 1.3 所示）；与发达国家航空比较，中国民航运输航空百万飞行小时重大事故率已经低于美国同期相应指标。中国民航运输航空百万小时重大事故率十年滚动平均值，2008 年与美国同期相应指标基本持平，2009 年为 0.11，约为美国同期相应指标 0.21 的 50%（如图 1.4 所示）。

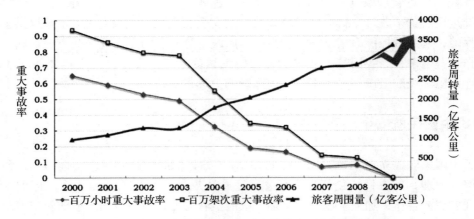

图 1.1　2000—2009 年运输航空重大事故率（5 年滚动平均）

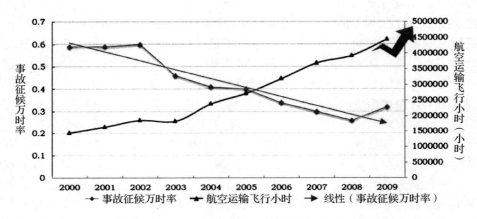

图 1.2　2000—2009 年运输航空事故征候万时率

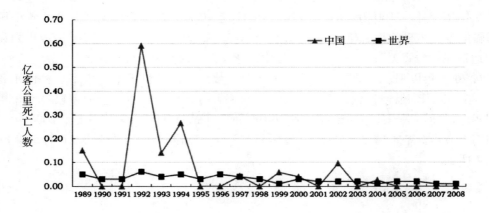

图 1.3　1989—2008 年中国与世界运输航空每年亿客公里死亡人数比较

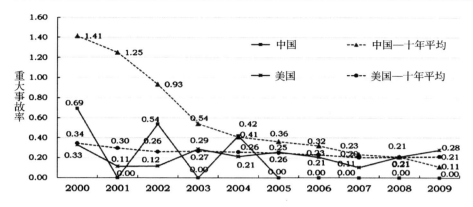

图 1.4   2000—2009 年中美两国每年运输航空百万小时重大事故率及
十年滚动平均值比较

上述数据表明中国民航安全水平有了很大程度的提高,已经进入国际先进行列。中国民航在"十一五"时期取得的安全成绩是不断创新安全管理理念、完善安全工作方法、丰富安全文化内涵、强化安全责任意识的结果。

1.2 民航安全规章

1.2.1 国际民用航空公约

国际民用航空组织(徽标如图 1.5 所示)是联合国的一个专门机构,1944 年为促进全世界民用航空安全、有序和正常发展而成立。国际民航组织总部设在加拿大蒙特利尔,负责制订国际空运标准和条例,是 191 个缔约国在民航领域中开展合作的媒介。

图 1.5   国际民航组织徽标

我国是国际民航组织的创始国之一，于 1944 年签署了《国际民用航空公约》，并于 1946 年正式成为会员国。1971 年 11 月 19 日，国际民航组织第七十四届理事会第十六次会议通过决议，承认中华人民共和国政府为中国唯一合法代表。1974 年，我国承认《国际民用航空公约》并参加国际民航组织的活动，同年我国当选为二类理事国。2004 年，在国际民航组织的第 35 届大会上，我国当选为一类理事国。蒙特利尔设有中国常驻国际民航组织理事会代表处。

国际民用航空组织的主要活动：（1）统一国际民航技术标准和国际航行规则。目前，国际民航组织已制定了 18 个国际标准和建议措施文件作为《国际民用航空公约》的附件。此外，还制定了若干航行服务程序；（2）协调世界各国国际航空运输的方针政策，推动多边航空协定的制定，简化联运手续，汇编各种民航业务统计，制定航路导航设施和机场设施服务收费的原则。此外，还编印了国际航空运输发展情况、运价、航空邮运、货运、联营、旅游等方面的研究文献；（3）研究与国际航空运输有关的国际航空公法和影响国际民航的私法中的问题。目前已制定了包括关于航空客货赔偿、防止危及航空器安全的非法行为、对地（水）面上第三者造成损害的赔偿、承认航空器所有权等 13 项公约或议定书；（4）利用联合国开发计划署的技术援助资金，向发展中国家提供民航技术援助。方式是派遣专家、顾问、教员，提供助学金和设备等；（5）组织联营公海上或主权未定地区的导航设施与服务。

1.2.2 我国民航法规体系

多年来，我国民航系统十分重视安全监管规章标准的建设工作，逐步加大国内规章标准与国际民航组织标准和建议措施的接轨力度，及时跟踪国际民航组织的最新标准及建议措施，在许多技术领域里减少了与国际民航组织标准及建议措施之间的差异，不断向美国联邦航空局及其他国家学习；同时，进一步建立健全安全监管规章标准体系，完善规章标准，细化规范性文件，加快制定规范性文件和指导性材料。

为确保民用航空安全，我国已形成并正在建设和完善以《民用航空法》为根本、民航行政法规为枝干、民航部门规章为基础的现代化民航法规体系。中国民航法律法规表现形式按其立法主体和效力不同，可分为民用航空法律、民航行政法规、民航部门规章等规范性文件。而行政法规和部门规章都是对民航法律的必要补充或具体化，如图1.6 所示。

目前，我国民航最主要的法律是 1996 年施行的《民用航空法》，它规定了我国民用航空的基本法律制度，是制定其他民航法规规章的基本依据。行政法规和行政法规性文件是指国务院根据宪法和法律制定或批准的规范民用航空活动的规定，现行有效的民航行政法规和行政法规性文件共有 27 个，如《中华人民共和国飞行基本规则》、《中华人民共和国民用航空器适航管理条例》、《中华人民共和国民用航空安全保卫条例》、《民用机场管理条例》等。

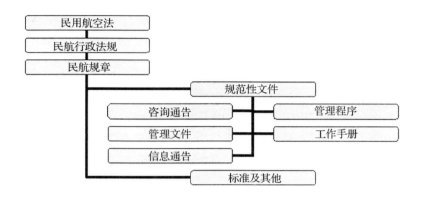

图 1.6   民航法律法规框架

民航部门规章是指国务院民用航空主管部门根据法律和国务院的行政法规、决定、命令，在本部门的权限范围内制定发布的规定。它在民航法规体系中内容最广、数量最多，涉及民用航空活动的方方面面，是民航主管部门实施行业管理的重要依据。国际条约尽管并非国内法，但我国缔结或者参加的民航国际条约对于我国的民用航空活动仍有约束力，如《国际民用航空公约》。民航部门规章共分为五编，分别从行政程序规则、航空器、航空人员、空中交通规则与一般规则、导航设备以及民航企业合格审定五大方面对民航的运行及安全进行了规定。

民航规范性文件主要包括管理程序（AP）、咨询通告（AC）、管理文件（MD）、工作手册（WM）和信息通告（IB）五大类。

1.2.3 "十一五" 期间制定和修订的安全规章

"十一五"期间，中国民航共制定和修订涉及安全管理方面的规章 26 部，其中涉及空中交通管理类的有 9 部、涉及机场的有 4 部，涉及适航类的有 4 部，涉及飞行标准的有 3 部，由航空安全办公室主持修订的规章有 2 部。如表 1-1 所示。

经过多年的努力，我国民航已经建立了比较完整的安全管理规章标准体系，安全工作做得好不好，能不能实现行业安全目标，关键在于这些规章标准能否被落实，具体做法有：

（1）加大规章标准的宣贯力度。要依托各种媒体，采取多种形式，加强对安全规章标准的宣传，抓好从业人员的培训，确保从业人员了解并掌握规章标准。企事业单位要努力将规章标准融入到操作规程和手册中，引导从业人员做"手册员工"，自觉按章操作。

（2）鼓励企事业单位制定和执行高于规章的标准。目前我国现行的规章标准基本上都是国家和行业规定及国际民航组织推荐的最低要求，是保障航空安全的基本要求，必须强制执行。但是，我们不能把国家和行业规章标准作为最高标准，各单位要结合自身实际，制定和执行高于国家和行业基本要求的技术标准，提高安全裕度。

（3）各级领导干部要做执行规章的典范。各级领导干部既是安全工作的决策者、管理者，又是规章标准的执行者、监督者，更是行业文化、企业文化的倡导者和实践者。领导干部首先要提高规章意识，严于律己，率先垂范，要求员工做到的，自己首先做到，要求员工不做的，自己首先不做。要依法决策，按章管理，模范执行规章标准，监督落实规章标准，坚决维护国家、行业以及企事业单位规章标准的权威性和严肃性。对那些规章意识淡漠、随意变通规章标准、"以言代法"的决策层违规问题，一定要进行严肃查处。

表 1-1 "十一五"期间中国民航制定和修订的安全规章

序号	民航局令号	规章编号	规章名称
1	民航局第 204 号令	CCAR-83	民用航空空中交通管理运行单位安全管理规则
2	民航局第 203 号令	CCAR-116-R1	民用航空气象探测环境管理办法
3	民航局第 202 号令	CCAR-65TM-II-R3	民用航空气象人员执照管理规则
4	民航局第 201 号令	CCAR-66TM-I-R4	民用航空空中交通管制员执照管理规则
5	民航局第 200 号令	CCAR-65TM-I-R3	民用航空电信人员执照管理规则
6	民航局第 199 号令	CCAR-65TM-III-R4	民用航空情报员执照管理规则
7	民航局第 198 号令	CCAR-175TM-R1	民用航空情报工作规则
8	民航局第 197 号令	CCAR-65FS-R2	民用航空飞行签派员执照管理规则
9	民航局第 196 号令	CCAR-397	中国民用航空应急管理规定
10	民航局第 195 号令	CCAR-121-R4	大型飞机公共航空运输承运人运行合格审定规则
11	民航局第 194 号令	CCAR-396-R2	民用航空安全信息管理规定
12	民航局第 193 号令	CCAR-332	公共航空旅客运输飞行中安全保卫规则
13	公安部、民航总局第 99 号令		国际航班载运人员信息预报实施办法
14	民航总局第 191 号令	CCAR-140	民用机场运行安全管理规定
15	民航总局第 190 号令	CCAR-93TM-R4	中国民用航空空中交通管理规则
16	民航总局第 188 号令	CCAR-91-R2	一般运行和飞行规则
17	民航总局第 184 号令	CCAR-69	航空安全员合格审定规则
18	民航总局第 183 号令	CCAR-21-R3	民用航空产品和零部件合格审定规定
19	民航总局第 181 号令	CCAR-31	载人自由气球适航规定
20	民航总局第 179 号令	CCAR-395-R1	民用航空器事故和飞行事故征候调查规定
21	民航总局第 178 号令	CCAR-165	民航专业工程质量监督管理规定
22	民航总局第 173 号令	CCAR – 61 – R2	民用航空器驾驶员、飞行教员和地面教员合格审定规则
23	民航总局第 172 号令	CCAR-85	民用航空空中交通管理设备开放、运行管理规则

续表

序号	民航局令号	规章编号	规章名称
24	民航总局第 170 号令	CCAR-331SB-R1	民用机场航空器活动区道路交通安全管理规则
25	民航总局第 166 号令	CCAR-73	民用航空预先飞行计划管理办法
26	民航总局第 159 号令	CCAR-43	维修和改装一般规则

1.3 民航安全管理基本理论

1.3.1 安全管理的哲学内涵

　　人类历史的进程，包含着人类安全哲学——人类安全生产的认识论和方法论的发展和进步。战国政治家荀况在总结军事和政治方法论时，曾总结出"先其未然谓之防，发而止之谓之救，行而责之谓之戒，防为上，救次之，戒为下"，将之用于安全生产的事故预防上，也是精辟的方法论。江泽民同志曾提出了"隐患险于明火，防范胜于救灾，责任重于泰山"的论述，包含着安全认识论和方法论的深刻的哲学道理。

　　现代社会的安全哲学观念体现在如下四个方面：

　　（1）安全第一的哲学观

　　"安全第一"是一个相对、辩证的概念，是在人类活动的方式上相对于其他方式或手段而言的。"安全第一"是在社会可接受程度下的"安全第一"，是在条件允许情况下尽力做到的"安全第一"。企业要认识自己的安全责任，把法律和国家监管的政策作为尺度，充分衡量安全环保、职业健康和产品品质、成本效益等多种要素，确保风险"可控制之下"的"安全第一"。

　　（2）重视生命的情感观

　　安全维系人的生命安全与健康，生命只有一次，健康是人生之本，充分认识人的生命与健康的价值，强化"善待生命，珍惜健康"之理，是我们社会每一个人应该建立的情感观，以人为本，尊重与爱护职工是企业法人代表或雇主应有的情感观。

　　（3）安全效益的经济观

　　实现安全生产，保护职工的生命安全与健康，不仅是企业的工作责任和任务，而且是保障生产顺利进行、企业效益充分实现的基本条件，安全就是效益，安全不仅能减损而且能增值，这是企业法人代表应建立的安全效益观。

　　（4）预防为主的科学观

　　要高效、高质量地实现企业的安全生产，必须走预防为主的道路，必须采用超前管理、预期型管理的方法，这是被无数生产实践所证实的科学真理，预防为主的科学观是实现系统（工业生产）本质安全化的必由之路。

1.3.2 民航安全管理的发展历程

安全是民航永恒的主题，民航安全管理和认识先后经历了技术因素、人为因素和组织因素三个发展阶段，如图1.7所示。

可以将航空早期阶段，即第二次世界大战前后至20世纪70年代这段时间定性为"技术时代"，当时安全关切问题大部分与技术因素相关。航空当时正在作为一种公共交通业兴起，而保障其运行的技术并未得到充分发展，技术故障仍是反复出现安全事故的原因。安全努力的侧重点当然放在了调查及技术因素的改进上。

20世纪70年代见证了一系列重大技术进步，开始使用喷气式发动机、雷达（机载和地基）、自动驾驶仪、飞行指引仪，完善了机载和地面导航与通信能力及类似的性能提升技术。这预示着"人的时代"的到来，并且随着机组资源管理（CRM，Crew Resource Management）、航线飞行训练（LOFT，Line-Oriented Flight Training）、以人为中心的自动化和其他人的行为能力干预的出现，安全努力的侧重点转移到了人的行为能力和人的因素。就航空业进行大量投资，将难以捉摸且无处不在的人的差错置于控制之下而言，20世纪70年代中期至90年代中期被称为航空人的因素的"黄金时代"。然而，尽管投入了大量资源来减少差错，但是截至20世纪90年代中期，人的行为能力仍继续被选定为导致反复出现安全事故的因素。

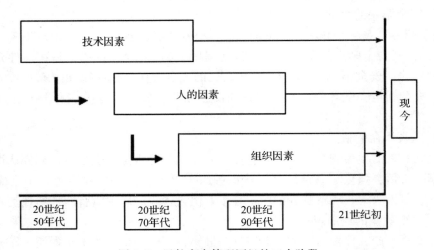

图1.7　民航安全管理历经的三个阶段

在"黄金时代"的大部分时间里，在人的因素方面的努力的消极面是这些努力倾向于着眼于个人，而很少注意个人完成其使命所处的运行环境。直到20世纪90年代初，才首次承认个人并不是在真空中，而是在一个限定的运行环境中作业。尽管之前可以获取科学文献，来了解运行环境的特征如何影响到人的行为能力与造成的事件和结果，但是直到 20 世纪 90 年代，航空业才承认这个事实。这标志着"组织时代"的开始，即开始以系统化的视角审视安全，从而涵盖组织因素、人的因素和技术因素。也正是在那个时候，航空业接受了组织事故这一观念。

1.3.3 航空安全的定义

对于安全，通常的看法是安全即无事故，安全即无危险。但是随着人们认识的提高，对于安全的看法已经发生了转变。

17 世纪以前，人类的安全哲学思想具有宿命论和被动承受的特征，这是由古代安全文化决定的；安全文化源于生产力和科学技术发展水平，较低水平的生产力和科学技术不可能孕育高层次的安全文化。17 世纪末期至 20 世纪初期，由于生产力和技术的发展，人类的安全文化提高到了经验论水平，对待事故有了"亡羊补牢"事后弥补的特征。20 世纪初至 50 年代，随着工业社会的发展和技术的不断进步，人类的安全认识论进入了系统论阶段和近代的安全哲学阶段，在方法论上推行安全生产与安全生活的综合型对策。20 世纪 50 年代以来，科学技术迅猛发展，人类的安全认识论进入了本质论阶段，超前预防型的安全管理是这一阶段的主要特征。同时，随着高科技领域的层出不穷，安全的认识论和方法论也在推动传统产业和技术领域安全手段的进步，并极大地丰富人类的安全哲学思想，推进了现代工业社会安全科学技术的发展。由此，以本质论与预防型为主要理论内涵的现代安全科学原理孕育而生。人类安全哲学的发展进程如图1.8 所示。

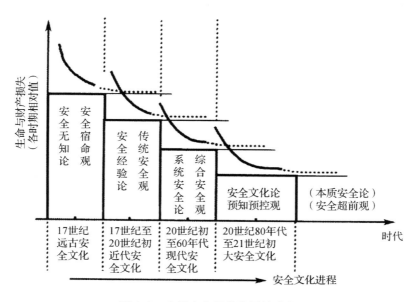

图 1.8　人类安全哲学发展的进程

国际民航组织对安全的定义很科学："安全是一种状态，即通过持续的危险识别和风险管理过程，将人员伤害或财产损失的风险降至并保持在可接受的水平或以下。"

这个定义揭示：其一，安全是相对的，不是绝对的。航空安全是个复杂的系统，航空器运行的风险从某种意义上讲的确高于其他交通工具。一架飞机涉及动力装置系统、飞行操纵系统、通讯系统、仪表系统、导航系统、警告系统等数十个系统。一架大型现代化客机由上百万个零部件构成，飞行过程中，要使这些系统和零部件不出一点儿问题，在现阶段还难以做到；其二，安全风险是可控的。通过人的主观努力，掌握规律、加强管理，运用高新技术及设备，增强风险防控能力，认真汲取事故和事故征候的教训，事故是可以预防的；其三，要以实事求是的态度对待安全事故。在事故与人的主观努力的评价上，要实事求是，客观地鉴定和处理。没有事故不等于没有问题，而出了事故也不能对工作全盘否定，要具体情况具体分析，要看事故的发生是不是在航空界可接受的范围以内。

1.3.4 民航安全管理中的重要模型与法则

1. 海恩法则

海恩法则是德国飞机涡轮机的发明者帕布斯·海恩在航空界提出的一个关于飞行安全的法则。海恩在对多起航空事故的分析中，发现每一次事故总有一些征兆表现出来，但是人们没有注意去发现，或者即使发现了也没有引起足够的重视，从而导致事故的发生。后来人们把海恩先生的发现称为"海恩法则"。简单地说就是每一起严重航空事故的背后，必然有近 29 次轻微事故、300 多起未遂先兆以及 1000 多起事故隐患，如图1.9 所示。要想消除这一起严重事故，就必须把这 1000 多起事故隐患控制住。

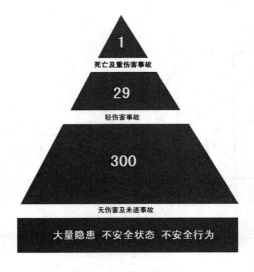

图 1.9　海因里希事故模型

　　在安全管理中，"海恩法则"对企业来说是一种警示，它说明任何一起事故都是有原因的，并且是有征兆的；它同时说明安全生产是可以控制的，安全事故是可以避免的；它也提供了生产安全管理的一种方法，就是发现并控制征兆。

　　2. SHELL 模型

　　著名的 SHELL 模型的概念首先由 Elwyn Edwards 教授于 1972 年提出，Frank Hawkins 于 1975 年用图表描述了该模型（如图 1.10 所示）。图中，人员（L，Liveware）即工作场所中的人员；硬件（H，Hardware）即机器与设备；软件（S，Software）即程序、培训、支持性等；环境（E，Environment）即 SHELL 系统其余部分的运行环境。SHELL 模型专门用于描述航空系统中各个组成部分之间的关系。

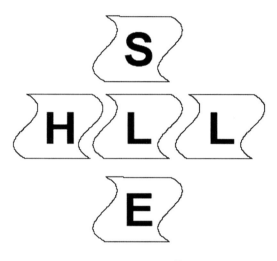

图 1.10　SHELL 模型

　　（1）人员—硬件（L-H）

　　当提到人的行为能力时，最常考虑的是人与技术之间的界面。它决定着人如何与实际工作环境相互作用，例如：设计适合人体坐姿特点的座位、适合用户感官和信息处理特点的显示器，以及用户控制装置的正确移动、编码和位置。然而，人的本能倾向于适应 L-H 的不协调状况，这种倾向可能会掩盖严重的缺陷，而这种缺陷可能在突发事件发生后才显现出来。

　　（2）人员—软件（L-S）

　　L-S 界面是指人与其工作场所中的支持系统，如规章、手册、检查单、出版物、标准操作程序和计算机软件之间的关系。它涉及各种"方便用户"问题，例如：现行性、准确性、格式和表达、词汇、清晰度和符号表示法等。

　　（3）人员—人员（L-L）

　　L-L 界面是指工作场所中人与人之间的关系。机组成员、空中交通管制员、航空器维修工程师和以团队形式工作的其他运行人员，并且团队影响力对决定人的行为能力起到一定作用。机组资源管理的出现导致人们极大地关注此界面。机组资源管理的培训及机组资源管理向空中交通服务（团队资源管理，简称 TRM）和维修（维修资源管理，简称 MRM）的延伸，均侧重于对运行差错的管理。员工/管理者的关系，与能够极大地影响人的行为能力的企业文化、企业氛围和公司运行压力一样，也属于此界面范围。

（4）人员—环境（L-E）：此界面涉及人与内外部环境之间的关系。内部工作场所环境包括诸如温度、环境光线、噪声、振动和空气质量等。外部环境包括诸如能见度、湍流和地形等。每周 7 天、每天 24 小时运转的航空工作环境包括对正常生物节律，如睡眠方式造成的干扰。此外，航空系统的运行环境受到广泛的政治和经济方面的限制，这反过来又会影响公司的整体环境。这里涉及诸如实际设施和辅助性基础设施的充裕性、管理的有效性这类因素。就像当前的工作环境可能迫使员工走捷径一样，不充裕的基础设施也会使决策质量大打折扣。

具体辨识哪一个 SHELL 组件已经在系统之外和哪个组件需要更改以保持风险在可接受程度之内的能力，将保证个人和单位在超出规章符合性之外的情况下的安全。

3. REASON 模型

REASON 模型是曼彻斯特大学教授 James Reason 在其著名的心理学专著《Human Error》一书中提出的概念模型，原始模型在理论上建立后被迅速而广泛地应用于人机工程学、医学、核工业、航空等领域，并通过国际民航组织的推荐成为航空事故调查与分析的理论模型之一。这一模型的核心创新点在于其系统观的视野，在对不安全事件行为人的行为分析之外，更深层次地剖析出影响行为人的潜在组织因素，从一体化相互作用的分系统、组织权力层级的直接作用到管理者、利益相关者、企业文化的间接影响等角度全方位地拓展了事故分析的视野，并以一个逻辑统一的事故反应链将所有相关因素进行了理论串联。

REASON 模型的内在逻辑是：事故的发生不仅有一个事件本身的反应链，还同时存在一个被穿透的组织缺陷集，事故促发因素和组织各层次的缺陷（或安全风险）是长期存在并不断自行演化的，但这些事故促因和组织缺陷并不一定造成不安全事件，当多个层次的组织缺陷在一个事故促发因子上同时或次第出现缺陷时，不安全事件就因失去多层次的阻断屏障而发生。

图 1.11 对 REASON 模型进行的描述，有助于我们了解在事故因果关系中组织因素和管理因素（即系统因素）之间的相互影响。在航空系统深层建立各种不同的防护机制，以在系统的各个层次（即第一线工作场所，监督层和高级管理层），保护该系统免受带有消极面的人的行为能力或者决定的影响。防护是系统所提供的资源，用于保护系统免受参与生产活动的各组织所产生的和必须控制的安全风险。这个模型表明，尽管包括管理决策在内的组织因素能够产生可导致破坏系统防护机制的潜在状况，但是它们也有助于系统防护机制的健全和完善。

在基层运行部门建立的安全自愿报告系统中利用这一模型，关键意义在于可以从不同层次的小事件、被挽救的事故隐患等一系列从业人员的真实报告和切身感受中提炼出关于组织缺陷的信息，通过前瞻性的弥补措施持续修复组织缺陷，阻止系统缺陷的恶化，或至少让组织内的从业人员意识到组织缺陷的存在，通过自身的有意识行为降低组织缺陷带来的事故几率。

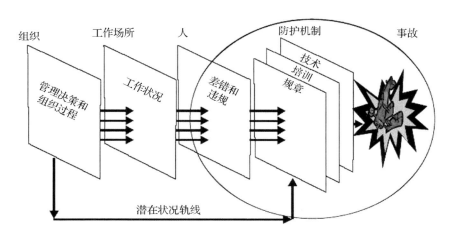

图 1.11　Reason 模型

4. 墨菲定律

墨菲是美国爱德华兹空军基地的上尉工程师。1949 年，他和他的上司斯塔普少校，在一次火箭减速超重试验中，因仪器失灵发生了事故。墨菲发现，测量仪表被一个技术人员装反了。由此，他得出的教训是：如果做某项工作有多种方法，而其中有一种方法将导致事故，那么一定有人会按这种方法去做。

墨菲定律的原话是：*If there are two or more ways to do something，and one of those ways can result in a catastrophe then someone will do it.*（如果有两种或两种以上的选择，而其中一种将导致灾难，则必定有人会作出这种选择。）根据墨菲定律：（1）任何事都没有表面看起来那么简单；（2）所有的事都会比你预计的时间长；（3）会出错的事总会出错；（4）如果你担心某种情况发生，那么它就更有可能发生。

墨菲定律的适用范围非常广泛，它揭示了一种独特的社会及自然现象。它的另外一种表述是：如果坏事有可能发生，不管这种可能性有多小，它总会发生，并造成最大可能的破坏。

墨菲定律告诉我们，容易犯错误是人类与生俱来的弱点，不论科技多发达，事故都会发生。而且我们解决问题的手段越高明，面临的麻烦就越严重。所以，我们在事前应该尽可能想得周到、全面一些，关键在于总结所犯的错误，而不是企图掩盖它。

1.4 民航安全管理体系

1.4.1 安全管理体系的概念

国际民航组织从 2001 年开始陆续颁布和修订各种文件，规定各缔约国强制要求其公共航空运输企业、民用机场、空管单位、维修企业和培训组织实施成员国认可的民航安全管理体系（Safety Management System，SMS）。

2007 年 10 月 23 日，中国民用航空总局发布了《中国民用航空安全管理体系建设总体实施方案》，并陆续修订了相应规章，制定发布了相应的咨询通告或实施指南，用于规范和指导民航企事业单位安全管理体系的建设。有关安全管理体系的教育、培训、建设试点和研讨也在中国民航陆续展开。

经过近年来的实践和探索，中国民用航空局在建立和监管既符合国际民航组织要求，又切合中国民航运行管理实际和安全管理特点的安全管理体系上形成了一套思路和方案。

安全管理体系的定义：安全管理体系是有组织的管理安全的方法，包括必要的组织结构、责任制度、政策、程序以及工具。国际民航组织于 2009 年出版的《安全管理手册》（第二版），把安全管理体系比喻为一个工具箱，这个工具箱中包含了航空组织在提供服务过程中，为控制危险源诱发成安全风险所需要的各种工具。《安全管理手册》中强调："我们必须明确，安全管理体系本身既不是一个工具，也不是一个过程。安全管理体系是一个真实的工具箱，它包含着在进行两个基本安全管理过程（危险源辨识和安全风险管理）时所要用的各类工具。安全管理体系的作用是为组织提供一个符合组织规模、复杂程度的恰当工具箱。"

航空组织设计和建立安全管理体系的过程，也就是为自己打造和配置工具箱的过程。这个工具箱应该量身订制，与本组织的规模、复杂程度、生产运行特点和管理特点相适应。为了满足安全管理的需要，工具的种类和数量应该足够，工具的存放应该及时、正常，工具本身应该可用、好用，工具应该可以很容易地被找到，等等。

虽然不同航空组织的工具箱应该量身定做，但工具箱本身和里面的主要工具必须满足法规要求，也就是安全管理体系的建立和运行必须符合管理当局的基本要求。

1.4.2 安全管理体系的特征

安全管理体系是系统性的，因为安全管理活动必须与事先决定的计划相符，并在组织中以持续的方式执行。要制定、批准和天天不停地执行和运作一项使具有危险后果的安全风险得到控制的长期计划。由于安全管理体系活动的系统性和战略性，它们旨在取得逐步而持久的改进，而不是瞬时的巨变。安全管理体系的系统性还使人们注重过程而不是结果。虽然要适当考虑结果（即有害事件），以便得出支持控制安全风险的结论，但是安全管理体系的主要着重点是，在一个组织提供服务的日常运营活动（过程）中发现危险，危险是有害事件后果的前兆。

安全管理体系是主动性的，因为它基于的方法强调在影响安全的事件发生前就采取危险识别和安全风险控制及缓解措施。它包括战略规划，谋求将安全风险置于组织的不断控制之下，而不是在经历有害事件之后采取修补行动，然后转向"休眠模式"直到再次经历有害事件，再进行修补行动。为了维持对危险的有效识别，要对提供服务所需进行的运营活动进行持续的监测。这反过来为收集有关危险的安全数据创造了条件，使组织可以根据数据作出关于安全风险及其控制的决定，而不是根据意见，更糟糕的是根据偏见或成见作出决定。

最后，安全管理体系是明确的，因为所有安全管理活动都是有文件佐证的、可见的，因而也是可辩解的。一个组织的安全管理活动和随之产生的安全管理专门技术知识都是载入正式文件的，可供任何人查阅。因此，安全管理活动是透明的。"安全信息库"能确保安全管理活动和专门技术知识都以正规的组织结构记录在案而不是储存于个人大脑中。一个组织如果允许安全管理活动和专门技术知识储存于个人大脑中的情况出现，那么它保护安全活动资料和专门技术知识资料的工作就处于非常不稳定的状况。

1.4.3 安全管理体系的构成

根据国际民航组织《安全管理手册》（第二版）中的介绍和规定，安全管理体系要素（又可分为一级要素 4 个和二级要素 12 个）的组成，如图 1.12 所示。

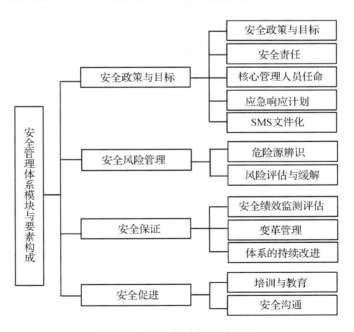

图 1.12　SMS 模块与要素构成

1. 政策与目标

（1）安全政策与目标

组织必须明确其组织安全政策，并符合国际和国家要求，由组织的责任法人签署。安全政策必须包括组织关于安全的承诺和为安全政策实施提供必要资源的明确声明，能够进行沟通，并得到整个组织的同意。安全政策必须包括安全报告程序；明确哪种运行行为是不可接受的；接受在哪种情况下偏离常规行为是可行的。安全政策必须被定期监测，以保证它对于组织来说是相关和恰当的。

（2）安全责任

组织必须明确责任法人代表整个组织对实施和维持安全管理体系负有最终职责和责任，不管他还有什么其他职责。组织必须明确所有管理成员和员工与安全管理体系安全表现相关的职责，不管他们还有什么其他的职责。安全责任、职责和权力应该被记录下来，并在组织内沟通，包括对有权作出关于安全风险容忍度的管理层的定义。

（3）核心管理人员任命

组织必须确定一个安全经理，他是有效实施和维持安全管理体系的负责人和焦点。安全经理是责任主管任命的担负安全管理体系日常管理职责的人。安全经理是开发和维护有效安全管理体系的负责人和协调人。安全经理还向责任主管和一线管理者就安全管理事宜提出建议，并负责在组织内部，酌情与外部组织、承包人和利害攸关者就安全事项进行协调和沟通。

（4）应急响应计划

组织必须保证应急响应计划能提供从正常到紧急情况下运行的有序和有效转变，而回到正常运行时应与其他互动组织的应急响应计划相协调。

（5）安全管理体系的文件化

组织必须制订一个安全管理体系实施计划，它由组织的高级管理层同意，确定组织安全管理的方法满足组织安全目的的要求，而安全管理体系必须文件化，包括对安全政策和目标、安全管理体系的要求、安全管理体系的程序和过程、程序和过程的职责和权力以及安全管理体系产出的描述。作为安全管理体系文件化的一部分，组织必须制定并维护安全管理体系手册，以将其安全管理方法在整个组织传达。

2. 安全风险管理

（1）危险源辨识

组织必须制定并维持一个正式程序，以确保运行中的危险源被确定，危险源的确定要在安全数据收集的基础上进行。

（2）安全风险评估和缓解

组织必须制订和维持一个正式程序，以保证对组织运行中的安全风险进行分析、评估和控制。

3. 安全保证

（1）安全绩效监测评估

组织必须发展并维持各种监测组织安全表现的方法，以保证安全风险控制的有效性。组织的安全表现必须参考安全表现指数和安全管理体系的安全表现目标。

（2）变革管理

组织必须发展并维持一个正式程序，以确定可能影响现有程序和服务的组织内的变革；描述执行变革前的安排，以保证安全表现；取消和更改那些由于运行环境变革而不再需要或不再有效的安全风险控制。

（3）安全管理体系的持续改进

组织必须发展并维持一个正式程序，以确定安全管理体系出现次标准表现的原因，确定这种次标准表现的含义，并取消或减缓这些原因。

4. 安全促进

（1）培训和教育

组织必须发展并维持一个安全培训计划，以保证所有工作人员都受训，能够执行安全管理体系的任务。安全培训的范围对每个人参与安全管理体系的程度来说应该是恰当的。

（2）安全沟通

组织应该发展并维持安全沟通的正式方法，以保证所有的工作人员都能够体会到安全管理体系，传递安全的重要信息，解释为什么要采取特别的安全行为，以及为什么引进或变更安全程序。

第 2 章　民航应急管理

2.1 概述

应急管理是指政府部门、企事业单位、社会团体及其他组织在突发事件的事前预防、事发应对、事中处置和善后管理过程中，通过建立必要的应对机制，采取一系列必要措施，保障公众生命财产安全，促进社会和谐健康发展的有关活动。做好应急管理工作，就是为了预防和减少突发事件的发生，控制、减轻和消除突发事件引起的严重社会危害，规范突发事件应对活动，保护人民生命财产安全，维护国家安全、公共安全、环境安全和社会秩序。

根据 2007 年 11 月 1 日起施行的《中华人民共和国突发事件应对法》第二条的规定，突发事件是指突然发生，造成或者可能造成严重社会危害，需要采取应急处置措施予以应对的自然灾害、事故灾难、公共卫生事件和社会安全事件。按照社会危害程度、影响范围等因素，自然灾害、事故灾难、公共卫生事件分为特别重大、重大、较大和一般四级。自然灾害包括水旱灾害、气象灾害、地震灾害、地质灾害、海洋灾害、生物灾害和森林草原火灾等。如近年来比较重大的自然灾害：2008 年南方冰雪灾害、2008 年"5·12"汶川大地震、2010 年"4·14"玉树地震等。事故灾难包括工矿商贸等企业的各类安全事故、交通运输事故、公共设施和设备事故、环境污染和生态破坏事件等，如 2005 年吉林石化爆炸及水污染事故、2010 年"8·24"航空安全事故等。公共卫生事件包括传染病疫情、群体性不明原因疾病、食品安全和职业危害、动物疫情以及其他严重影响公众健康和生命安全的事件，如 2003 年 SARS 事件、2009 年甲型流感事件等。社会安全事件包括严重危害社会治安秩序的突发事件，如 2008 年拉萨"3·14"打砸抢烧事件、2009 年乌鲁木齐"7·5"事件等。

应急管理工作概括起来说，就是推行"一案三制"建设。所谓"一案"，就是突发事件应急预案；所谓"三制"，就是应急管理工作的体制、机制和法制。预案是依据宪法及有关法律、行政法规制定的，预案中也包含了体制、机制的内容。"一案三制"相互联系、互相支撑，构成一个统一的体系，如图 2.1 所示。

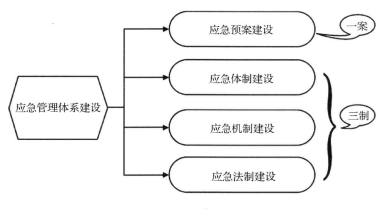

图 2.1　一案三制

应急预案是应对突发事件的原则性方案，它提供了处置突发事件的基本规则，是突发事件应急响应的操作指南。编制应急预案，是把应对突发事件的成功做法规范化、制度化，明确今后如何预防和处置突发事件。

应急管理体制是开展应急管理工作的组织体系。我国应急管理体制的特点是：以统一领导、分级负责、综合协调、分类管理、条块结合、属地管理为主。国务院是突发事件应急管理的最高行政领导机构，国务院办公厅是国务院应急管理的办事机构，国务院有关部门是国务院应急管理的工作机构，地方各级政府是本行政区域突发事件应急管理的行政领导机构。

应急管理机制是对突发事件应对工作运行程序的规定，它是一项复杂的系统工程。应急管理机制根据突发事件的应对经过，一般包括：预防、预测预警、信息报告、信息发布、应急响应和处置、恢复重建。

应急管理法制是应急管理工作所依据的各项法律、法规、制度等的总和。法律手段是应对突发事件最基本、最主要的手段。近年来，我国不断完善应急管理法律法规，依法规范了突发事件应对工作。特别是《中华人民共和国突发事件应对法》总结提炼了应急管理实践创新和理论创新成果，集中体现了对应急管理工作的一些规律性认识，进一步明确了政府、公民、社会组织在突发事件应对中的权利、义务和责任，确立了规范应对各类突发事件共同行为的基本法律制度。

2.2 民航应急管理体制机制建设

2.2.1 民航应急管理体制

中国民用航空总局于 2005 年成立了由民航总局领导、民航总局机关主要部门和直属单位主要领导组成，以应对航空器事故和劫机炸机事件为主要职责的"民航突发事件应急工作领导小组"，并在空管局运行中心设立了领导小组办公室。为进一步建立健全"以统一领导、综合协调、分类管理、分级负责、属地管理为主"的应急管理体制，民航局于2009年将领导小组办公室工作职责调整至综合司，以利于发挥统筹规划、综合协调、信息汇总、值守应急的职能。2012年初，民航局对领导小组作了大的调整，增加了领导干部与成员单位，对各成员单位的工作职责进行了补充和完善。各民航地区管理局也建立了相应的应急管理体制与机制。

民航局突发事件应急工作领导小组职责包括：落实党中央、国务院有关工作部署，领导全国民航应急工作；组织、指挥民航各单位应对突发事件，协调国务院相关部门、解放军及武警部队的支持，协助民航应对突发事件，指导地方人民政府突发事件应对工作中与民航相关的工作内容；分析总结民航应急工作的经验和教训，制定加强民航应急工作的方针、政策与指导意见，部署民航应急工作任务。

民航局突发事件应急工作领导小组办公室的职责包括：研究提出加强民航应急工作的政策、意见和措施，起草民航应急工作基本规定，规划并组织建设民航应急工作体系，组织制定民航局处置突发事件基本程序；制定民航局突发事件应急工作计划，组织制定民航应急工作中的长期发展规划，组织召开民航应急工作会议；组织、协调领导小组成员共同落实上级有关指示精神，组织开展风险评估工作，协助领导小组成员开展民航应急工作；管理民航值守应急与信息发布工作，组织制定信息报告与发布规定、程序，按规定向中共中央办公厅、国务院办公厅、交通运输部及有关部门、单位报告民航应急处置工作情况；参与应急处置，协助民航局应急处置指挥机构组织、指挥或协调应急处置工作，负责指挥机构的后勤保障工作，组织协调应急处置调查评估工作；指导民航地区管理局、监管局，航空运输（通用）、服务保障企业，机场公司，直属企事业单位加强民航应急工作；总结评估民航应急工作情况，起草向国务院、交通运输部及其他相关单位报告、通报民航应急工作综合情况的文件；负责民航应急工作的对外联络，组织民航应急科学研究与技术交流。

由于民航行业是整个社会体系的一个组成部分，各种突发事件都可能对民航运行的安全与正常造成严重的威胁或危害，民航运行过程中出现的不正常、不安全事件可能形成或者引发突发事件，同时，在应对突发事件过程中可能需要民航的积极参与和协助，因此，民航应急管理的范畴主要涉及三种情形：一是自然灾害、事故灾难、公共卫生事件和社会安全事件都有可能对民航运行安全与正常造成严重威胁或危害；二是民航运行过程中出现的不安全、不正常事件可能形成或引发突发事件；三是应对突发事件可能需要民航的参与和协助。与此对应，民航应急管理职责包括以下三个方面。

一是防范突发事件对民用航空活动的威胁，控制、减轻和消除其对民用航空活动的危害。2008年初，我国南方地区遭受严重低温、雨雪、冰冻灾害，对民航运行造成了严重影响。在灾情最严重的时期，全国一天内有17个机场在不同时间关闭。特别是杭州机场，有近2万名旅客因天气原因滞留在候机楼内，并出现过激行为。华东地区管理局接到报告后，迅速派出工作组赶往杭州机场组织应对。浙江省委、省政府分别派出

700 余名公安、武警人员赶到现场维持秩序。民航华东管理局组织各航空公司采取打破航空公司与舱位界线，按方向组织旅客乘机，用大型飞机替换中小型飞机，组织加班及连夜抢运等措施，迅速疏散了积压旅客，避免了事态的进一步恶化。

二是防止民用航空活动发生、引发突发事件，控制、减轻和消除其危害。2008 年 3 月 7 日，南方航空乌鲁木齐—北京的 CZ6901 航班遭遇恐怖威胁。4 名恐怖份子试图在空中点燃易燃液体制造恐怖事件，被机组人员及时发现并制止，飞机安全备降兰州机场。

三是协助和配合国家、地方人民政府及相关部门的应急处置工作。2008 年 5 月 12 日，我国四川发生 8.0 级特大地震灾害，这对西南地区民航基础设施造成一定破坏。灾害发生后，民航迅速组织恢复运行，并全力投入抗震救灾行动，尽全力挽救了受灾群众的生命、减轻了国家和人民遭受的财产损失。2011 年初，中东地区局势突变。为确保我在利比亚人员的安全，国家决定组织大规模撤离我在利比亚人员行动。民航局接到命令后，迅速组织相关部门抽调运力，执行紧急航空运输任务。2 月 23 日至 3 月 5 日，民航共执行紧急航空运输任务包机 91 班，派出空勤及其他相关工作人员 2200 余人次，接运撤离人员 26240 人，运送紧急物资 10 吨，顺利完成了此次运输任务。

2.2.2 民航应急管理机制

根据《中国民用航空应急管理规定》（CCAR-397），民航应急管理运行机制包括预防与准备、预测与预警、应急处置和善后处理四部分，应急管理运行机制如图 2.2 所示。

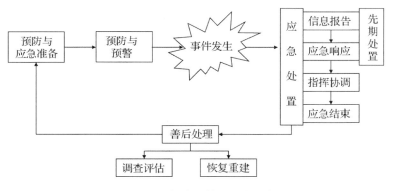

图 2.2　民航应急管理运行机制

1. 预防与应急准备

民航管理部门应当根据有关法律、行政法规、规章，上级行政主管部门及相关部门的应急预案，结合民航运行实际情况，制订应急预案，建立健全应急预案体系，主要包括总体应急预案、专项应急预案和地区应急预案。企事业单位及其分支机构应当依据相关法律、法规、规章和民航管理部门应急预案的相关内容，制定相应的应急预案。应急预案的制定单位应当定期组织预案演练，演练的周期应当在预案中明确规定。

2. 预测与预警

民航管理部门应当及时收集对辖区内民用航空活动具有潜在重大影响的突发事件信息，分析影响民用航空安全与正常运行的主要因素。

民航管理部门收到突发事件预警信息后，应当针对突发事件的特点、发展趋势和可能造成的危害，及时采取相关措施，组织相关部门和企事业单位采取下列部分或全部措施：启动相关应急预案；组织对突发事件相关信息进行进一步的收集、分析和评估，预测突发事件发生的可能性、危害的严重程度和范围；组织、协调相关应急处置人员、机构进入待命状态，动员后备人员、机构做好参加应急处置的准备；了解应急处置所需的物资、设备、工具及相关设施、场所准备情况，做好投入使用的准备；转移、疏散或撤离易遭受突发事件危害的人员与重要财产，并给予妥善安置等。

3. 应急处置

突发事件对民用航空活动造成严重危害，或者民用航空活动发生、引发突发事件时，民航管理部门应当依据职责和权限，突发事件的性质、严重程度与影响范围，立即启动相关等级应急响应，根据应急预案组织、指挥或协调应急处置。

民航管理部门在组织、指挥或协调应急处置时，组织相关企事业单位采取下列部分或全部应急处置措施：搜寻、援救受到突发事件危害的航空器与人员，开展必要的医疗救护和卫生防疫，妥善安置受到突发事件威胁或影响的人员；控制危险源，划定并有效控制民航应急处置区域；启用备份设备、设施或工作方案；抢修被损坏的民航关键设备与重要设施；制定并采取必要的次生、衍生灾害应对措施；调集应急处置所需的民航专业人员、物资、设备、工具及其他资源；组织优先运送应急处置所需的人员、物资、设备、工具和受到突发事件危害的人员等。

4. 善后处理

应急处置结束后，负责组织、指挥或协调应急处置的民航管理部门按照国家有关规定尽快组织、协调损失评估，受损设备与设施修复，受影响民用航空活动恢复、补助、补偿、抚恤和费用结算等工作。另外负责组织、指挥或协调应急处置的民航管理部门应组织开展总结评估工作，查明突发事件发生的经过与原因，总结应急处置的经验教训，制定改进措施。

2.3 民航应急法制建设

2.3.1 国际民航应急管理相关法规

1. 《国际民用航空公约》

《国际民用航空公约》第二十五条《航空器遇险》规定：缔约各国承允对在其领土内遇险的航空器，在其认为可行的情况下，采取援助措施，并在本国当局管制下准许该航空器所有人或该航空器登记国当局采取情况所需的援助措施。缔约各国搜寻失踪的航空器时，应在按照本公约随时建议的各种协同措施方面进行合作。

2. 《国际民用航空公约》附件 6——航空器运行

附件 6 要求保持警觉的飞行机组不仅必须能够处理任何技术方面的紧急情况，同时也能处理其他机组成员的紧急状况，并且在撤离航空器时必须反应正确和有效，并规定在运行手册当中必须包括这些规则。同时，附件 6 中除了针对劫持民用航空器的纯技术性质的预防措施之外，也对其他紧急状况所需要的各种安全预防措施做了研究，并尽可能多地涵盖各种紧急情况。

3. 《国际民用航空公约》附件 11——空中交通服务

附件 11 的第 5 章涉及告警服务，在未能与航空器建立通信联络或航空器未按时到达而相信或得知其处于紧急状态，或收到情报得知航空器已经或即将进行迫降时，向援救协调中心告警。告警服务自动提供给接受空中交通管制服务的所有航空器，并在实际可行时提供给所有其驾驶员已申报飞行计划或通过其他方式被空中交通服务所得知的其他航空器。告警服务还提供给已知或相信正受到非法干扰的航空器。告警服务的作用是调动所有一旦需要就能提供援助的有关援救和应急组织。

4. 《国际民用航空公约》附件 12——搜寻与救援

本附件共有 5 章，详细地规定了与有效开展搜救工作有关的组织和合作原则，概述了必要的准备措施，并为实际发生紧急情况时提供搜救服务规定了适当的工作程序。第 1 章要求各国在其领土之内和地区航行协议决定的并经国际民航组织理事会批准的公海部分或主权尚未确定的区域提供搜救服务。本章还涉及移动搜救单位的建立，这些单位的通信手段和适合搜寻与援救服务的其他公共或私营机构的指定。第 4 章论述了准备措施，规定了核对和公布搜救服务所需资料的要求。规定必须为搜救工作的执行编制详细的工作计划，并指出计划中要包括的必要资料。本章还涵盖了援救单位所需要采取的准备措施、训练要求和航空器残骸的清理。第 5 章规定了查明紧急情况并对之分类的要求，并详细规定了对每种类型的事件应予采取的行动。

5. 《国际民用航空公约》附件 13——航空器事故/事故征候调查

附件 13 的第 8 章涉及事故预防措施，涵盖了强制性和自愿性两种事故征候报告系统，以及为自愿报告那些可能有害安全的事件创造一个非惩罚性环境的必要。随后本章论述了数据库系统和分析此种数据库中所载的安全资料的一种方式，以确定所需要的任何预防行动。最后，本章建议各国促进安全资料共享网络的建立，以便利自由交换有关现存和潜在的安全缺陷的资料。本章所概述的这一过程成为旨在全世界范围内减少事故和严重事故征候数量的安全管理系统的一部分。

6. 《国际民用航空公约》附件 14——机场

根据附件 14，所有国际机场都需要具备规定等级的消防与服务功能。附件规定了需使用的制剂种类、数量以及必须送达航空器事故现场的时间限制。另外，机场勤务手册中对机场应急救援工作做了更加详细的说明，包括以下几个方面：

（1）机场勤务手册第一部分：《救援和消防》；

（2）机场勤务手册第五部分：《残损航空器的搬移》；

（3）机场勤务手册第七部分：《应急救援计划》。

7.《航空器事故遇难者及其家属援助指南》（ICAO 通告 285-AN/166）

考虑到航空器事故遇难者及其家属的迫切需要，国际民航组织在 1998 年 10 月召开的第 32 届大会上审议了关于援助航空器事故遇难者及其家属的议题，并通过了第 A32-7 号决议，呼吁各缔约国重申它们支援民用航空事故遇难者及其家属的承诺，敦促有关国家制定家属援助计划。2001 年，国际民航组织发布了《航空器事故遇难者及其家属援助指南》，作为提供给各缔约国制定此类规定的参考文件。

2.3.2 中国民航应急管理相关法规

1.《中华人民共和国民用航空法》

《中华人民共和国民用航空法》第十一章《搜寻援救和事故调查》规定：发现民用航空器遇到紧急情况或者收听到民用航空器遇到紧急情况的信号的单位或者个人，应当立即通知有关的搜寻援救协调中心、海上搜寻援救组织或者当地人民政府。收到通知的搜寻援救协调中心、地方人民政府和海上搜寻援救组织，应当立即组织搜寻援救；收到通知的搜寻援救协调中心，应当设法将已经采取的搜寻援救措施通知遇到紧急情况的民用航空器；搜寻援救民用航空器的具体办法，由国务院规定；执行搜寻援救任务的单位或者个人，应当尽力抢救民用航空器所载人员，按照规定对民用航空器采取抢救措施并保护现场，保存证据。

2.《中华人民共和国搜寻援救民用航空器规定》

该规定的目的是为了及时有效地搜寻援救遇到紧急情况的民用航空器，避免或者减少人员伤亡和财产损失。规定中华人民共和国领域内以及中华人民共和国缔结或者参加的国际条约规定由中国承担搜寻援救工作的公海区域内为中华人民共和国民用航空搜寻援救区，该区域内划分若干地区民用航空搜寻援救区，具体地区划分范围由民航局公布。该规定共 5 章 31 条 1 个附录，主要内容包括总则、搜寻援救的准备、搜寻援救的实施、罚则、附则及附录搜寻援救的信号。

3.《国家处置民用航空器飞行事故应急预案》

该预案的目的是建立健全民用航空器飞行事故应急机制，提高政府应对突发危机事件的能力，保证民用航空器飞行事故应急工作协调、有序和高效进行，最大限度地减少人员伤亡，保护国家和公众财产安全，维护社会稳定，促进航空安全。适用于民用航空器特别重大飞行事故；民用航空器执行专机任务发生飞行事故；民用航空器飞行事故死亡人员中有国际、国内重要旅客；军用航空器与民用航空器发生空中相撞；外国民用航空器在中华人民共和国境内发生飞行事故，并造成人员死亡；由中国运营人使用的民用航空器在中华人民共和国境外发生飞行事故，并造成人员死亡；民用航空器发生爆炸、空中解体、坠机等，造成重要地面设施巨大损失，并对设施使用、环境保护、公众安全、社会稳定等造成巨大影响。

4. 《民用航空器飞行事故应急反应和家属援助规定》（CCAR-399）

围绕民用航空器飞行事故应急反应和家属援助问题，规定着重考虑了与现行规章的衔接问题。如关于事故信息报告，主要与 2005 年 4 月 7 日起施行的《民用航空安全信息管理规定》相衔接，此外，还考虑了与《民用航空器飞行事故调查规定》、《民用运输机场应急救援规则》等规章协调统一的问题。规定按照我国现行的民用航空器事故等级标准，将我国的民用航空器事故划分为三个等级，尽管从理论上，不论事故的规模多大，罹难者及其家属均应该得到适当的援助，但由于航空器事故的大小和情况不同，提供家属援助所需资源的多少相差很大。考虑到我国公共航空运输的载客量等方面，规定将适用范围限定在重大及其以上的民用航空器飞行事故。在民用航空器飞行事故的善后处理中，航空运输企业是家属援助方面的具体实施者。因此，运输企业应当向行业主管部门上报家属援助计划，以保证在发生民用航空器飞行事故后，能够为家属提供必要的帮助和抚慰。这就要求航空运输企业要为此计划的实施提供人力、物力、财力方面的保障，规定相应地提出了原则要求。

5. 《民用运输机场突发事件应急救援管理规则》（CCAR-139-II-R1）

民用机场，特别是民用运输机场的应急救援管理和突发事件的处置工作，对于避免或者减少人员伤亡和财产损失、减少突发事件对机场正常运行的影响具有重要意义。依据《中华人民共和国突发事件应对法》和《民用机场管理条例》，自 2008 年起，民航局启动了对该规则的修订工作，《规则》自 2011 年 9 月 9 日起施行。《规则》共 9 章 72 条，与上一版最大的不同是将机场应急救援的计划准备工作与突发事件的处置分开，将应急救援设施设备及人员的日常管理与应急救援的演练分开，分别就机场应急救援工作的总则、突发事件分类和应急救援响应等级、应急救援组织机构及其职责、突发事件应急救援预案、应急救援的设施设备及人员、应急救援的处置和基本要求、应急救援的日常管理和演练等作了规定。

6. 《中国民用航空应急管理规定》（CCAR-397）

《规定》由 8 个部分组成，分别为总则、管理体制与组织机构、预防与准备、预测与预警、应急处置、善后处理、法律责任和附则。《规定》对民航应急工作的职责、内容进行了定义；提出了实行分级响应的原则；借鉴网络型组织机构的原理，规划了以民航局突发事件应急工作领导小组为领导机构，以领导小组办事机构为核心机构，以民航局各职能部门为工作机构的应急管理机制；对突发事件与民用航空的复杂关系进行了力求准确的解释；对民航应急工作各个环节的基本内容与要求作出了相应的规定。

2.4　民航应急预案建设

2.4.1　应急预案的编制

应急预案（Emergency Response Plan）是针对可能发生的突发事件，为迅速、有序地开展应急行动而预先制定的行动方案。编制应急预案应做好以下准备工作：

（1）全面分析危险因素，和可能发生的事故类型及事故的危害程度。

（2）排查事故隐患的种类、数量和分布情况，并在隐患治理的基础上，预测可能发生的事故类型及事故的危害程度。

（3）确定事故危险源，进行风险评估。

（4）针对事故危险源和存在的问题，确定相应的防范措施。

（5）客观评价本单位应急能力。

（6）充分借鉴国内外同行业事故教训及应急工作经验。

应急预案编制流程如图 2.3 所示。应急预案的编制程序如下。

1. 应急预案编制工作组

结合本单位部门职能分工，成立以单位主要负责人为领导的应急预案编制工作组，明确编制任务、职责分工，制订工作计划。

2. 资料收集

收集应急预案编制所需的各种资料（包括相关法律法规、应急预案、技术标准、国内外同行业事故案例分析、本单位技术资料等）。

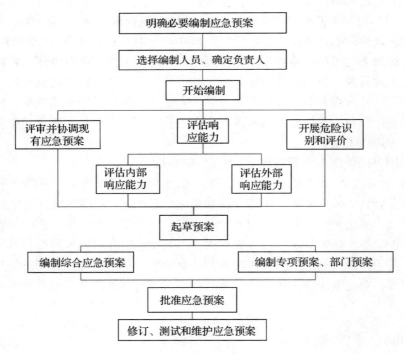

图 2.3　应急预案编制流程图

3. 危险源与风险分析

在危险因素分析及事故隐患排查、治理的基础上，确定本单位可能发生事故的危险源、事故的类型和后果，进行事故风险分析，并指出事故可能产生的次生、衍生事故，形成分析报告，分析结果作为应急预案的编制依据。

4. 应急能力评估

对本单位应急装备、应急队伍等应急能力进行评估，并结合本单位实际，加强应急能力建设。

5. 应急预案编制

针对可能发生的事故，按照有关规定和要求编制应急预案。应急预案编制过程中，应注重全体人员的参与和培训，使所有与事故有关人员均掌握危险源的危险性、应急处置方案和技能。应急预案应充分利用社会应急资源，与地方政府预案、上级主管单位以及相关部门的预案相衔接。

6. 应急预案评审与发布

应急预案编制完成后，应进行评审。内部评审由本单位主要负责人组织有关部门和人员进行。外部评审由上级主管部门或地方政府负责安全管理的部门组织审查。评审后，按规定报有关部门备案，并经生产经营单位主要负责人签署发布。

2.4.2 应急预案体系的构成

应急预案应形成体系，针对各级各类可能发生的事故和所有重大危险源制订专项应急预案和现场应急处置方案，并明确事前、事发、事中、事后的各个过程中相关部门和有关人员的职责。生产规模小、危险因素少的生产经营单位，综合应急预案和专项应急预案可以合并编写。图 2.4 显示了应急预案按照应用范围的分类。

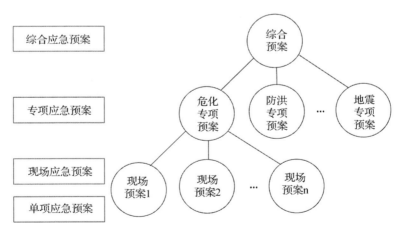

图 2.4　应急预案分类（按应用对象范围）

1. 综合应急预案

综合应急预案是从总体上阐述事故的应急方针和政策，应急组织结构及相关应急职责，应急行动、措施和保障等基本要求和程序，是应对各类事故的综合性文件。

2. 专项应急预案

专项应急预案是针对具体的事故类别（如航空器反劫机预案、民用航空器飞行事故应急预案）、危险源和应急保障而制定的计划或方案，是综合应急预案的组成部分，应按照综合应急预案的程序和要求组织制定，并作为综合应急预案的附件。专项应急预案应制定明确的救援程序和具体的应急救援措施。

3. 现场处置方案

现场处置方案是针对具体的装置、场所或设施、岗位所制定的应急处置措施。现场处置方案应具体、简单、针对性强。现场处置方案应根据风险评估及危险性控制措施逐一编制，做到事故相关人员应知应会，熟练掌握，并通过应急演练，做到迅速反应、正确处置。

此外，应急预案按行政管理权限，可分为：国家级应急救援预案，省、自治区、直辖市级应急救援预案，市级应急救援预案，县级应急救援预案，企业级应急救援预案；按责任主体，可分为生产经营单位编制的应急救援预案、各级政府编制的应急救援预案。

2.4.3 民航应急预案体系的构成

民航应急预案体系包括民航总体应急预案、民航专项应急预案、民航地区应急预案、民航企事业单位应急预案。民航应急预案体系如图 2.5 所示。

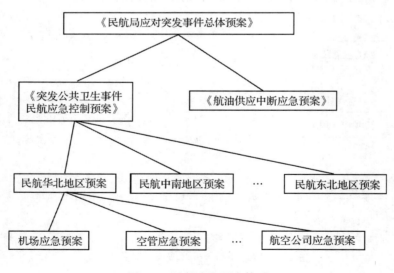

图 2.5　民航应急预案体系

1. 民用航空突发事件总体应急预案是民用航空突发事件应急预案体系的总纲，是国务院民用航空主管部门为应对民用航空突发事件而制定的综合性预案和指导性文件，是国务院民用航空主管部门组织、管理、指挥、协调相关应急资源和应急行动的整体计划和程序规范，是制定民用航空突发事件专项应急预案的规范性文件。民航总体预案由国务院民用航空主管部门制定，报国务院备案。

2. 民用航空突发事件专项应急预案是国务院民用航空主管部门为应对某一类别民用航空突发事件而制定的应急预案。民航专项预案由国务院民用航空主管部门或其指定的内设机构制定，作为突发公共事件部门应急预案报国务院备案。

3. 民用航空突发事件地区应急预案是地区民用航空管理机构为应对各类民用航空突发事件和在本地区实施民航专项预案而制定的应急预案。民航地区预案由地区民用航空管理机构制定，报国务院民用航空主管部门备案。

4. 民航企事业单位应对民用航空突发事件应急预案是从事或直接保障民用航空活动的企事业单位为应对各类民用航空突发事件，依据法律、法规和规范性文件而制定的应急预案。民航单位应急预案由企事业单位制定，报地区民用航空管理机构备案。

2.5 应急保障建设

2.5.1 国家应急保障

根据《国家突发公共事件总体应急预案》的规定，各有关部门要按照职责分工和相关预案做好突发公共事件的应对工作，同时根据总体预案切实做好应对突发公共事件的人力、物力、财力、交通运输、医疗卫生及通信保障等工作，保证应急救援工作的需要和灾区群众的基本生活，以及恢复重建工作的顺利进行。

1. 人力资源

公安（消防）、医疗卫生、地震救援、海上搜救、矿山救护、森林消防、防洪抢险、核与辐射、环境监控、危险化学品事故救援、铁路事故、民航事故、基础信息网络和重要信息系统事故处置，以及水、电、油、气等工程抢险救援队伍是应急救援的专业队伍和骨干力量。地方各级人民政府和有关部门、单位要加强应急救援队伍的业务培训和应急演练，建立联动协调机制，提高装备水平；动员社会团体、企事业单位以及志愿者等各种社会力量参与应急救援工作；增进国际间的交流与合作。要加强以乡镇和社区为单位的公众应急能力建设，发挥其在应对突发公共事件中的重要作用。

2. 财力保障

保证突发公共事件应急准备和救援工作所需资金。对受突发公共事件影响较大的行业、企事业单位和个人要及时研究提出相应的补偿或救助政策。要对突发公共事件财政应急保障资金的使用和效果进行监管和评估。

3. 物资保障

建立健全应急物资监测网络、预警体系和应急物资生产、储备、调拨以及紧急配送体系，完善应急工作程序，确保应急所需物资和生活用品的及时供应，并加强对物资储备的监督管理，及时予以补充和更新。

地方各级人民政府应根据有关法律、法规和应急预案的规定，做好物资储备工作。

4. 基本生活保障

做好受灾群众的基本生活保障工作，确保灾区群众有饭吃、有水喝、有衣穿、有住处、有病能得到及时医治。

5. 医疗卫生保障

卫生部门负责组建医疗卫生应急专业技术队伍，根据需要及时赴现场开展医疗救治、疾病预防控制等卫生应急工作。及时为受灾地区提供药品、器械等卫生和医疗设备。必要时，组织动员红十字会等社会卫生力量参与医疗卫生救助工作。

6. 交通运输保障

保证紧急情况下应急交通工具的优先安排、优先调度、优先放行，确保运输安全畅通；要依法建立紧急情况社会交通运输工具的征用程序，确保抢险救灾物资和人员能够及时、安全送达。

根据应急处置需要，对现场及相关通道实行交通管制，开设应急救援"绿色通道"，保证应急救援工作的顺利开展。

7. 治安维护

加强对重点地区、重点场所、重点人群、重要物资和设备的安全保护，依法严厉打击违法犯罪活动。必要时，依法采取有效管制措施，控制事态，维护社会秩序。

8. 人员防护

指定或建立与人口密度、城市规模相适应的应急避险场所，完善紧急疏散管理办法和程序，明确各级责任人，确保在紧急情况下的公众安全、有序转移或疏散。

采取必要的防护措施，严格按照程序开展应急救援工作，确保人员安全。

9. 通信保障

建立健全应急通信、应急广播电视保障工作体系，完善公用通信网，建立有线和无线相结合、基础电信网络与机动通信系统相配套的应急通信系统，确保通信畅通。

10. 公共设施

有关部门要按照职责分工，分别负责煤、电、油、气、水的供给，以及废水、废气、固体废弃物等有害物质的监测和处理。

11. 科技支撑

积极开展公共安全领域的科学研究；加大公共安全监测、预测、预警、预防和应急处置技术研发的投入，不断改进技术装备，建立健全公共安全应急技术平台，提高我国公共安全科技水平；注意发挥企业在公共安全领域的研发作用。

2.5.2 民航应急保障

民航应急保障的重点单位是机场，因为机场是航空器地面运行的主要场所，也是民航进行运输保障的关键场所，机场的应急保障最为关键。本节介绍机场应急救援的组织机构职责，以及应急保障的主要内容。

1. 应急救援组织机构及其职责

（1）机场应急救援指挥管理机构，即机场应急救援指挥中心的职责包括：组织制定、汇总、修订和管理机场突发事件应急救援预案；定期检查各有关部门、单位的突发事件应急救援预案、人员培训、演练、物资储备、设备保养等工作的保障落实情况；定期修订突发事件应急救援预案中各有关部门和单位的负责人、联系人名单及电话号码；按照本规则的要求制定年度应急救援演练计划并组织或者参与实施；机场发生突发事件时，根据总指挥的指令以及预案要求，发布应急救援指令并组织实施救援工作；根据残损航空器搬移协议，组织或者参与残损航空器的搬移工作；定期或不定期总结、汇总机场应急救援管理工作，向机场应急救援工作领导小组汇报。

（2）机场空中交通管理部门的职责包括：将获知的突发事件类型、时间、地点等情况按照突发事件应急救援预案规定的程序通知有关部门；及时了解发生突发事件航空器机长意图和事件发展情况，并通报指挥中心；负责发布因发生突发事件影响机场正常运行的航行通告；负责向指挥中心及其他参与救援的单位提供所需的气象等信息。

（3）机场消防部门的职责包括：救助被困遇险人员，防止起火，组织实施灭火工作；根据救援需要实施航空器的破拆工作；协调地方消防部门的应急支援工作；负责将罹难者遗体和受伤人员移至安全区域，并在医疗救护人员尚未到达现场的情况下，本着"自救互救"人道主义原则，实施对伤员的紧急救护工作。

（4）机场医疗救护部门的职责包括：进行伤亡人员的检伤分类、现场应急医疗救治和伤员后送工作。记录伤亡人员的伤情和后送信息；协调地方医疗救护部门的应急支援工作；进行现场医学处置及传染病防控；负责医学突发事件处置的组织实施。

（5）航空器营运人或其代理人的职责包括：提供有关资料。资料包括发生突发事件航空器的航班号、机型、国籍登记号，机组人员情况，旅客人员名单及身份证号码、联系电话、机上座位号、国籍、性别、行李数量，所载燃油量，所载货物及危险品等情况；在航空器起飞机场、发生突发事件的机场和原计划降落的机场设立临时接待机构和场所，并负责接待和查询工作；负责开通应急电话服务中心并负责伤亡人员亲属的通知联络工作；负责货物、邮件和行李的清点和处理工作；航空器出入境过程中发生突发事件时，负责将事件的基本情况通报海关、边防和检疫部门；负责残损航空器搬移工作。

（6）机场地面保障部门的职责包括：负责在发生突发事件现场及相关地区提供必要的电力和照明、航空燃油处置、救援物资等保障工作；负责受到破坏的机场飞行区场道、目视助航设施设备等的紧急恢复工作。

2. 应急救援的设施设备及人员

（1）隔离机位

机场管理机构建设或指定一个特定的隔离机位，供受到劫持或爆炸物威胁的航空器停放，其位置应能使其距其他航空器集中停放区、建筑物或者公共场所至少 100 米，并尽可能避开地下管网等重要设施。

（2）消防设施

机场管理机构按照《民用航空运输机场飞行区消防设施》的要求配备机场飞行区消防设施，并应保证其在机场运行期间始终处于适用状态。机场管理机构按照《民用航空运输机场消防站消防装备配备》的要求配备机场各类消防车、指挥车、破拆车等消防装备，并应保证其在机场运行期间始终处于适用状态。

（3）医疗急救

机场管理机构按照《民用运输机场应急救护设施配备》的要求配备机场医疗急救设备、医疗器材及药品、医疗救护人员，并确保机场医疗急救设备、医疗器材及药品在机场运行期间始终处于适用状态和使用有效期内。

（4）通讯保障

机场指挥中心及机场内参加应急救援的单位安装带有时钟和录音功能的值班电话，视情设置报警装置，并在机场运行期间随时保持有人值守。值班电话线路至少保持一主一备的双线冗余。所有应急通话内容录音，应急通话记录至少保存 2 年。机场管理机构设立用于应急救援的无线电专用频道，突发事件发生时，机场塔台和参与救援的单位使用专用频道与指挥中心保持不间断联系。公安、消防、医疗救护等重要部门尽可能为其救援人员配备耳麦。为能在第一时间了解航空器在空中发生的紧急情况，指挥中心宜设置陆空对话的单向监听设备，并在机场运行期间保持收听，但不得向该系统输入任何信号。在航空器突发事件发生时，指挥中心确需进一步向机组了解情况时，通过空中交通管理部门与机组联系。

（5）应急救援人员标志

机场管理机构制作参加应急救援人员的识别标志，识别标志要明显醒目且易于佩戴，并能体现救援单位和指挥人员。参加应急救援的人员均应佩戴标志。识别标志在夜间应具有反光功能，具体样式为：

①救援总指挥为橙色头盔，橙色外衣，外衣前后印有"总指挥"字样；

②消防指挥官为红色头盔，红色外衣，外衣前后印有"消防指挥官"字样；

③医疗指挥官为白色头盔，白色外衣，外衣前后印有"医疗指挥官"字样；

④公安指挥官为蓝色头盔，蓝色警服，警服外穿前后印有"公安指挥官"字样的背心。

参加救援的各单位救援人员的标识颜色应与本单位指挥人员相协调，外衣可以是背心或者制服。

（6）水上救援

在邻近地区有海面和其他大面积水域的机场，机场管理机构按照机场所使用的最大机型满载时的旅客及机组人员数量，配置救援船只或者气筏和其他水上救生设备，也可以采取与有上述救援设备的单位以协议支援的方式来保障，但机场需配备满足在救援初期供机场救援人员使用需要的船只或者气筏和其他水上救生的基本设备。当突发事件发生在机场及其邻近地区的海面或大面积水域时，还应向当地国家海上搜救机构报告。

（7）残损航空器搬移设备

机场管理机构根据机场航空器年起降架次，配置与机场所使用航空器最大机型相匹配的残损航空器搬移设备，并在机场运行期间保证其完好适用。年起降架次在 15 万（含）以上的机场，配置搬移残损航空器的专用拖车、顶升气囊、活动道面、牵引挂具以及必要的枕木、钢板、绳索等器材。年起降架次在 15 万以下，10 万（含）以上的机场，配置顶升气囊、活动道面、牵引挂具以及必要的枕木、钢板、绳索等器材。年起降架次在 10 万以下的机场，配置活动道面以及必要的枕木、挂件、绳索等器材。活动道面配置满足航空器每一轮迹下的铺设长度不小于 30 米；航空器牵引挂具的配置满足能牵引在机场使用的各类型航空器；对于在发生突发事件后 2 小时之内机场管理机构可能取得专用拖车和顶升气囊的，机场管理机构可不配备专用拖车和顶升气囊，但要有明确的救援支援协议。

（8）现场指挥的车辆

机场管理机构配备用于机场应急救援现场指挥的车辆，该车配有无线通讯、传真、摄像、视频传输、电脑、照明等设备，并配有应急救援的相关资料库及主要材料的纸质文件。

（9）应急救援人员

在机场运行期间，各参加应急救援的单位在保障正常运行的同时，应按照相关标准要求保持有足够的应对突发事件的救援人员。参加应急救援各单位的值班领导、部门领导及员工熟知本单位、本部门及本岗位在应急救援工作中的职责和预案。

（10）应急演练与培训

参加应急救援的各单位每年至少对按照机场应急救援预案承担救援工作职责的相关岗位的工作人员进行一次培训，对专职应急救援管理人员、指挥人员、消防战斗员、医疗救护人员进行经常性的培训，培训内容包括应急救援基础理论、法规规章、技术标准、岗位职责、突发事件应急救援预案、医疗急救常识、消防知识、旅客疏散引导及其他相关技能。在机场航站楼工作的所有人员每年至少接受一次消防器材使用、人员疏散引导、熟悉建筑物布局等方面的培训。

2.5.3 应急平台

1. 应急平台建设

应急平台建设是应急管理的一项基础性工作，它是以公共安全科技为核心，以信息技术为支撑，以应急管理流程为主线，软硬件相结合的突发公共事件应急保障技术系统，是实施应急预案的工具，它具备风险分析、信息报告、监测监控、预测预警、综合研判、辅助决策、综合协调与总结评估等功能。

2007 年 6 月，国务院下发了《国家应急平台体系建设指导意见》，对国家应急平台体系建设总体框架内容和建设任务分工等提出要求，明确了建设的实施思路，按照"统筹规划、分级实施；因地制宜、整合资源；注重内容、讲求实效；立足当前、着眼长远"的原则进行建设。目前形成以国务院应急平台为枢纽（中心），以省级和部门应急平台为节点，上下贯通、左右衔接、互联互通、信息共享、互有侧重、互为支撑、安全畅通的应急平台体系，支撑国家突发公共事件应急预案体系的实施；整合现有应急资源，建设应急平台的基础支撑系统和综合应用系统，实现突发公共事件应急平台的各项功能，满足本地区、本部门和国家应急管理的需要。我国应急平台体系如图 2.6 所示。

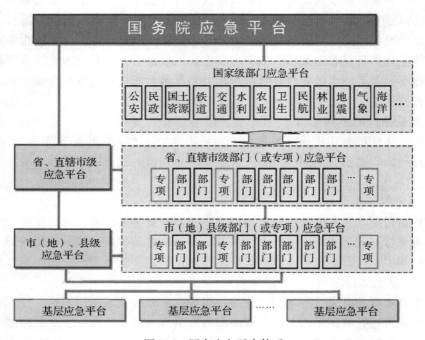

图 2.6 国家应急平台体系

（1）国家应急平台

包括国务院应急平台，32 个省（自治区、直辖市）、新疆生产建设兵团、5 个计划单列市应急平台，20 个有应急职能的部门应急平台和 100 个部门值班系统。

（2）国务院应急平台

包括应急指挥场所总体布局、基础支撑系统总体设计、综合应用系统和数据库总体设计等内容。

（3）部门应急平台

在科技部项目的推动下，各示范部门都基本完成了应急平台的方案设计、框架设计和有关标准制定，进行了有关数据资源的整合，基本完成有关数据库或数据交换与共享系统建设。国土资源部、地震局和气象局已经完成有关综合应用系统的建设，安监总局、林业局和总参作战部等综合应用系统正在建设。

（4）省级应急平台

随着国家通信事业和电子政务的发展，各地区都基本具备了覆盖市县的通信和计算机网络，这些基础资源是进行应急平台建设的重要条件。各省级人民政府正抓紧根据国家规划进行应急平台的立项和建设工作，但总体仍处于起步状态。北京市应急平台开展较早，正在进行完善，其他省级应急平台大多尚未完成建设。

2. 应急平台的功能

应急平台具有如下功能：综合业务管理、信息采集与信息发布、智能方案（预案）、应急资源信息管理、风险隐患监测防控、预测预警与事件研判、指挥调度、模拟演练。应急平台的部分功能显示如图 2.7 所示。

图 2.7　应急平台的部分功能显示

3. 应急平台的主要建设内容

（1）应急指挥场所

包括应急指挥厅、值班室、会议室（会商室）、专家工作室、设备间等。

（2）基础支撑系统

包括通信系统、计算机网络系统、图像接入系统、视频会议系统、移动应急平台、安全支撑系统、容灾备份系统等。

（3）综合应用系统

包括综合业务管理系统、风险隐患监测防控系统、预测预警系统、智能方案系统、指挥调度系统、应急保障系统、应急评估系统、模拟演练系统、数据库系统等。图 2.8 显示了应急平台的组成。

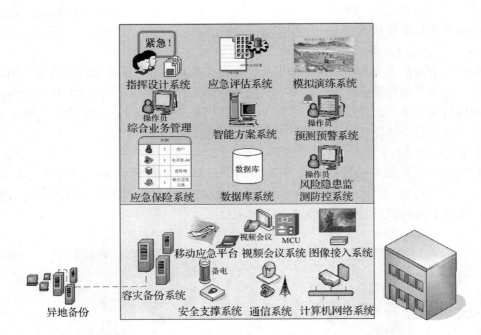

图2.8 应急平台的组成

2.5.4 突发事件媒体管理

突发事件已经成为新闻媒体快速反应能力、准确判断能力、创新策划能力、整体协调能力等媒体综合实力的检验和体现。媒体担任着从突发事件爆发前的预警和监测，危机处理中的状态评估、信息传递、利益相关者的调节，到危机恢复期的形象塑造过程中的主导角色。本节重点介绍媒体的功能和媒体管理的策略。

1. 媒体的功能

在突发事件应对的过程中，媒体的功能体现在以下四个方面。首先是通过及时报道，消除流言影响，缓解社会恐慌心理。公众在对突发事件真相不了解的情况下，往往急需充足的信息来消除因信息的不确定性而引起的各种情绪。为了稳定公众，就必须让公众知情。因此，在处理突发事件时，新闻媒体要快速反应，立即澄清谣言，让民众了解事实真相，避免危机事态扩大化。同时，新闻媒体应发挥意见领袖的作用，如及时连线政府官方发言人、权威专家等，起到稳定人心的作用。

其次是随着突发事件危机处理的过程，媒体设置中心议题，在满足受众需求的基础上引导舆论，塑造良好的舆论环境。突发事件因为其社会影响力，天然地成为公众的焦点，激起公众紧张兴奋的情绪，造成舆情的波动，此时，舆论引导对于舆情的良性发展具有至关重要的意义。媒体针对事态发展和舆情变化，配合突发事件管理者，合理安排报道重点，把社会公众对突发事件的舆论引导到有利于事件解决的正确方向来。正确的舆论引导可以妥善、迅速地处理突发事件，使事件的处置朝着正确的方向发展，甚至化危机为转机，推动社会更好地发展；而不正确的舆论引导，容易造成民众思想和行为偏激，媒体舆论引导一旦失误，会酿成不可设想的后果，甚至酿成灾祸。

再次是媒体发挥社会教育的功能，可以帮助公众正确认识突发事件引发的危机，构建健康社会心态，从容应对突发事件，并在突发事件消除后引导社会反思。通过媒体的表达，媒体成为整个社会反思的平台，并由此产生巨大的社会影响，引起人们对人的本性、本质、行为活动的再审视，从而扩大认识的视野。

最后，媒体在突发事件报道中的舆论引导功能还表现在开展舆论监督，在推进危机应对的过程中，树立政府和传媒的威信和形象。许多突发事件的背后有人为因素在起作用，而在处理突发事件时也可能因为人为因素造成失误，其中不乏腐败现象和违法行为。媒体在报道突发事件时，必然会涉及政府管理上的盲点和漏洞，公众关注突发事件，不仅限于其本身，而且也在关注危机责任者的认定和处理，媒体就是要在报道突发事件的过程中，逐渐把公众的注意力引向对突发事件的原因、后果和责任的关注，进行舆论监督。这对于建设阳光政府、廉洁政府和诚信政府，警示教育官员都会取得良好的社会效果。

2. 媒体管理的策略

（1）构建灵活高效的应对机制

针对突发事件报道的需求，媒体各个环节要互相配合，有机运转，实现资源的优化配置，这就需要建立科学高效的应急报道机制。

①制订预案。媒体应制订突发事件应对预案，成立突发事件领导小组，确保对事件的准确判断和快速反应，并在报道中统一组织，整体协调，减少中间环节，提高效率，使管理有序、有力、高效。同时，还要建立与上级的沟通机制，掌握报道方针，确保导向正确。在重大突发事件来临时，领导要有靠前意识。由于一些突发事件具有相当的敏感性，普通采编人员对政策界限和报道策略较难把握，如果领导靠前指挥，参与并组织报道工作，就能将高层的意图及时传达到前后方采编人员，以便他们合理地安排报道；

②加强协调。在人员的调配上，媒体应抽调精兵强将，组成重点报道力量，并打破媒体内部部门界限，将编辑、记者等各个环节人员进行横向联合，组成报道小分队，实行团队协同作战。一旦发生突发事件，记者要第一时间赶到事发现场，力争抢得报道先机，并深入采访，不断了解事件的发展过程，尽快成稿。后方编辑应立即汇总上级机关的指示、各方反应、背景资料及其他媒体的相关报道等各种素材，把好关口，并迅速提出切实可行的报道思路、意见，指挥前方记者高效地完成报道任务。从而使整个报道紧张有序，忙而不乱；

③简化发稿。在突发事件报道中，简化发稿程序是提高新闻时效的一种有效方式。如在突发事件报道中卓有成效的新华社实行 24 小时发稿制度，建立起了全天候运转的新闻雷达网，并在其相关制度中，对重大突发事件的报道提出了"先写、先编、先审、先核"的"四先制度"和"急事急办"、"分秒必争地争取时效"等要求；

④媒体联动。由于受众是多层次的，有职业的不同，有文化程度的高低，有阅读习惯的差异，对突发事件的认识也存在差异，所以需要媒体进行多角度的信息传播。媒体联动是一个非常有效的手段，通过面向不同层次受众的媒体多角度地协同报道，可以发挥不同类型媒体的优势，形成强大的合力；

⑤技术支持。在新闻竞争空前激烈的今天，传播技术的支持已成为保证新闻时效的关键因素。必须应用最先进的设备以保障发稿时效。除了发稿必需的通信发稿设备外，保障突发事件时效的交通工具、采访装备、采集拍摄写稿的各种装备，也应优先装备。尤其在地震灾区，先进的技术装备往往深刻影响着报道的效果。

（2）注重突发事件的报道艺术

把握好"度"，是搞好突发事件报道的一个关键环节。由于突发灾害事件的社会关注度高、影响大，因此，媒体在及时发布相关新闻信息的同时，有义务防止引起公众不必要的恐慌和混乱，维护社会的稳定，促进灾情的解决。这就需要媒体在体现自身责任感的同时，把握好分寸感，掌握好"度"。掌握不好，极易使报道陷入被动，而讲求艺术，把握适度，则能有效取得最佳的传播效果。突发事件报道的"度"，可用适量、适时、适宜三个标准来衡量。适量，就是报道的数量要合适，不搞"有闻必录"，不能没完没了，而求突出重点，对同质信息加以节制；适时，就是报道要看准时机，既不能遇事慢半拍，报道拖沓滞后，也不能一味图快，置国家利益于不顾；适宜，就是说报道要遵守宣传纪律，把握政策口径，不为追求轰动效应而炒作，不为迎合受众口味而媚俗。

（3）提高从业人员的职业素养

当前，各家媒体都开始重视并加强了对突发事件的报道，而对突发事件报道的竞争，很大程度表现为人才的竞争。为此，媒体应建立机动人才队伍。这支队伍应由各部门挑选出来的精英组成，他们具备很强的实战能力，能做到"召之即来，来之能战，战之能胜"。在这支队伍中，一线的记者要直接接触突发事件中的人和事，其素质的高低直接关系到报道的质量，进而影响到其所在媒体的竞争力，因而提高媒体从业人员的素养就显得尤为重要。

①要有敏锐的反应。记者要第一时间出现在突发事件的一线，直接与新闻打交道。很难想象一个观念比较陈旧、思维比较迟钝的记者，会对新闻事实拥有准确的判断力和高超的表现力。突发事件是突然发生的事，而且是时刻变化的事，敏锐而深刻的新闻价值探索与判断，常常是在同题竞争中诞生杰作的利器。记者对突发事件的发展要有预见性，有了对事件发展的科学预测，就能赢得报道的主动与超前，写出的新闻才能有敏锐性。这就需要记者在两方面下力气，一是思想观念必须保持与时俱进，站在时代的潮头。二是要拥有与时俱进的新闻理念。"思想有多远，行动走多远"，永远是记者在突发事件报道中的制胜法宝；

②要有质疑的精神。突发事件中各种信息纷繁复杂，在筛选新闻信息时，记者具备质疑精神尤为重要。2007年4月16日上午，美国弗吉尼亚理工大学发生枪击事件，共造成包括凶手在内的33人丧生。这是美国历史上最严重的一起校园枪击案。惨剧发生不久，美国一家媒体报道说，枪案凶手初步认定为中国留学生。许多国内媒体在转载报

道时"轻松操作",不核实、不质疑、不深究,就一本正经地转载,还热热闹闹地讨论、评论起来,使中国人和中国国家形象受到损害,事后受到许多受众的批评,使媒体的公信力大打折扣;

③要有广博的学识。突发事件报道成功与否,与记者的学识密切相关。突发事件的报道方法得当,会促进问题的解决和工作的改进,否则就可能火上浇油,进一步激化矛盾。而报道突发事件的记者如果单凭一腔热情,对事件缺乏理性的把握,就很容易顾此失彼,使报道走入片面、极端。因此,记者首先要对全局有一个整体的了解,并站在全局的高度来看待突发事件以及对它的报道,既秉笔直书,又服从大局,不能陷入其中拔不出来。同时,要深入探究突发事件所包含的事实本质,在纷繁复杂的矛盾中抓住根本,在不断变化的形势中把握主题,积极稳妥地展开报道,使报道服从、服务于改革发展稳定这个大局,并力争做到与满足受众的信息需求并行不悖。

参考文献

[1]《中华人民共和国突发事件应对法》

[2]《国家突发公共事件总体应急预案》

[3]《中国民用航空应急管理规定》(CCAR-397)

[4]《国际民用航空公约》及附件

[5]《民用运输机场突发事件应急救援管理规则》(CCAR-139-II-R1)

[6] 薛澜,张强,钟开斌. 危机管理 [M]. 北京:清华大学出版社,2003

[7] 赵士林. 突发事件与媒体报道 [M]. 上海:复旦大学出版社,2006

第3章 公共航空运输安全管理与应急处置

3.1 概述

民用航空运输分为公共航空运输和通用航空运输。公共航空运输主要包括旅客运输和货物运输。通用航空涉及的内容繁多，范围很广，包括工业作业、农业作业，其他作业如航空体育、飞行训练、文化娱乐和医疗抢险等。目前，我国通用航空的安全管理参照公共航空运输安全管理模式进行，本章主要针对公共航空运输安全管理与应急处置的内容做详细介绍。

3.1.1 公共航空运输

公共航空运输是指公共航空运输企业使用民用航空器经营的旅客、行李或者货物的运输。公共航空运输企业即航空公司，是以各种航空飞行器为运输工具为乘客和货物提供民用航空服务的企业，必须首先获得民航主管部门颁发的运行合格证书。航空公司使用的飞行器可以是自己拥有的，也可以是租赁的；航空公司可以独立提供服务，也可与其他航空公司合作或者组成联盟共同提供服务。

自新中国民航成立特别是改革开放以来，中国民航持续快速发展，运输规模不断扩大。改革开放以来，中国民航年均增长速度为 17.6%，远远高于国内其他交通运输方式。2011 年，中国民航运输总周转量达到 573 亿吨公里，旅客运输量 2.93 亿人次，货邮运输量 557.5 万吨。到 2020 年，中国民航预计将实现运输总周转量 1400 亿吨公里以上，旅客运输量超过 7 亿人次，旅客周转量在国家综合运输体系中的比重达到 25% 以上。截至 2011 年底，我国已有中国国际航空公司、中国东方航空公司、中国南方航空公司、海南航空公司等 40 多家公共航空运输企业，拥有 1700 多架公共运输飞机，自2010 年 8 月 25 日至 2012 年 6 月 30 日安全运行 1035 万飞行小时。

3.1.2 通用航空运输

通用航空是指使用民用航空器从事公共航空运输以外的民用航空活动，包括从事工业、农业、林业、渔业和建筑业的作业飞行以及医疗卫生、抢险救灾、气象探测、海洋监测、科学实验、教育训练、文化体育等方面的飞行活动，现阶段缺乏私人飞行、娱乐飞行以及公务飞行。

通用航空根据划分依据的侧重点不同，分类标准有很多。根据通用航空的运行业务所服务对象的性质进行划分，可以大致分为下列几类：

（1）工业航空：包括使用航空器进行与工矿业有关的各种活动，具体的应用有航空摄影、航空遥感、航空物探、航空吊装、石油航空、航空环境监测等。在这些领域中利用航空的优势，可以完成许多以前无法进行的工程，如可以为海上石油开采提供便利的交通和后勤服务。其他如航空探矿、航空摄影，通用航空使这些工作的进度加快了几十倍到上百倍。

（2）农业航空：包括为农、林、牧、渔各行业服务的航空活动。其中如森林防火、灭火、撒播农药等，都具有其他方式无法比拟的优势。

（3）航空科研和探险活动：包括新技术的验证、新飞机的试飞，以及利用航空器进行的气象天文观测和探险活动。

（4）飞行训练：除培养空军驾驶员外培养各类飞行人员的学校和俱乐部的飞行活动。

（5）航空体育运动：使用各类航空器开展的体育活动，如跳伞、滑翔机、热气球以及航空模型运动。

（6）公务航空：大企业和政府高级行政人员用单位自备的航空器进行公务活动。跨国公司的出现和企业规模的扩大，使企业自备的公务飞机越来越多，公务航空成为通用航空中一个独立的部分。

（7）私人航空：私人拥有航空器进行航空活动。

通用航空在我国主要指前面五类，后两类在我国起步较晚，但在一些航空强国，公务航空和私人航空所使用的航空器占通用航空的绝大部分。

根据经营性质划分，按照《通用航空经营许可管理规定》（民航总局令第 176 号）的规定，中国通用航空经营项目分类如下：

（1）甲类：陆上石油服务、海上石油服务、直升机机外载荷飞行、人工降水、医疗救护、航空探矿、空中游览、公务飞行、私用或商用飞行驾驶执照培训、直升机引航作业、航空器代管、出租飞行、通用航空包机飞行。

（2）乙类：航空摄影、空中广告、海洋监测、渔业飞行、气象探测、科学实验、城市消防、空中巡查。

（3）丙类：飞机播种、空中施肥、空中喷洒植物生长调节剂、空中除草、防治农林业病虫害、草原灭鼠，防治卫生害虫，航空护林。

（4）航空俱乐部类：使用限制类适航证的航空器和轻于空气的航空器从事私用飞行驾驶执照培训、航空运动训练飞行、航空运动表演飞行、个人娱乐飞行。

3.2 航空公司安全管理

公共航空运输安全，就是指人员（旅客、货主、相关人员和航空公司员工）不受伤害，财物（飞机、设备、设施、旅客行李、货物与邮件等）不受损失，航空运输服务（产品）处于稳定、持续的正常状态。因此，公共航空运输安全是整个民航运输中的头等大事。根据航空公司主要业务，航空公司安全管理重点关注飞行安全管理、运行控制安全管理、客舱安全管理、维修安全管理、地面保障安全管理及货运安全管理等方面。

3.2.1 飞行安全管理

飞行安全管理主要包括飞行运行、飞行技术管理、驾驶舱资源管理，飞行过程相关的环节必须符合航空公司的运行规范和相关手册要求。

1. 飞行运行

飞行运行是航空公司的核心部分，其安全水平直接影响整个航空公司的安全状况，而且也影响着旅客的人身及财产安全、航空公司声誉、经济效益乃至航空公司的生存。飞行过程的各个阶段必须达到规定的标准。机组在执行航空运输任务时，每次飞行基本分为四个阶段：

（1）飞行预先准备阶段。这一阶段是在机组领受飞行任务后预先进行的准备工作，机组要熟悉飞行航线、航站、作业区的天气情况和航行、通讯系统，起降、备降机场资料及航线地形、地貌、特殊飞行规定等情况；了解本次航班任务的客、货、邮载重情况；编制飞行计划；同时，要重点关注前三班飞行时飞机故障等情况，并制定特殊情况下的应急处置措施及空防措施等。

（2）飞行直接准备阶段。该阶段机组对执行飞行任务进行更加详细和充分的准备，了解飞行航线、作业区、航站天气实况和预报、飞行活动情况，计算起飞、滑跑距离和起飞重量；根据预报进行领航和油料计算，填写领航计划，并对飞机进行检查；办理、领取飞行有关文件、航行通告，计算载重平衡，办理商务手续，与塔台校波、校对资料等；准备可能特殊情况下的处置。

（3）飞行实施阶段。该阶段机组按照规定操作飞机，检查发动机和各系统工作情况，并按照预定计划飞行。在飞行过程中，如果遇到特殊情况，应按照准备阶段制定的应急处置措施应对，快速有序地组织旅客撤离飞机；如发生事故，应保护现场，如实反映情况。飞行过程中，机组还应随时观察气象情况，绕开危险天气；保持与塔台、着陆雷达系统指挥台通话，收听鉴别导航台频率，呼号；检查修正航道，掌握飞机位置，注意高度变化；飞机降落后，向调度和值班经理报告飞行情况，填写、送交有关飞行文件。

在飞行过程中，机长和副驾驶承担重要的安全职责。机长在飞行期间负责机组人员和机上旅客、货物的安全；为确保飞机、机上人员和财产的安全，机长有权采取必要的措施，机上所有人员必须服从；机长负责指导和监督机组成员正确履行其职责，完成航班飞行任务，确保飞行安全，对与飞行有关的所有事情具有最终决定权，并对做出的决定负责；当飞行中遇到不正常的情况时，机长应及时向运行控制部门报告，提供必要的信息。副驾驶在飞行运行中根据工作标准和操作程序完成其职责；当发现任何差错，不安全、不合法的运行或者危险情况时，应及时提醒机长，必要时应作出反应；在机长丧失能力、无法正常履行其职责时，代替机长职责。

（4）飞行讲评阶段。该阶段主要是机组在飞行后进行讲评，总结完成任务情况和飞行工作中的经验教训。

为了确保飞行安全，飞行过程控制中应重点关注机组人员的思想状况、身体状况、飞行技术以及天气情况和机务五个方面。

2. 飞行技术管理

飞行技术管理是飞行安全管理的重要方面之一，航空公司一般都设置有飞行技术管理部。飞行技术管理主要包括飞行标准及规章制度管理、飞行训练管理、飞行信息管理和飞行操作技术管理等方面的内容。

（1）飞行标准及规章制度管理。航空公司根据民航局颁布的飞行技术标准、规章和规定以及民航地区管理局发布的有关飞行标准方面的通告，制定本公司飞行技术管理的各项标准及规章制度，和公司各机型的飞行程序、技术标准。

（2）飞行训练管理。飞行训练质量是保证飞行安全的基础，航空公司的飞行技术管理部门制定本公司各机型的训练大纲，并检查监督训练工作和技术把关落实情况以及飞行人员复训计划落实情况。

（3）飞行信息管理和飞行操作技术管理。飞行信息管理是对飞行安全技术资料的信息管理，飞行操作技术管理对飞行操作技术进行监控工作。

3. 机组资源管理

机组资源管理（Crew Resource Management，CRM）是近二十几年来研究飞行事故中人的因素问题而提出的人—机系统的更深层次的课题。CRM 可以定义为能够最佳利用一切可用资源（设备、程序和人）的管理系统，以达到促进安全和提高飞行效率的目的。

CRM 着重于在组织有序的航空系统中掌控飞行所需的认识和人际关系方面的技术。所谓认识技术是指沟通和一系列的与团队工作相关的行为活动。和其他行业一样，航空系统中，这些技能常常是互相交叉的，也与航空所需技能相重叠。此外，这种关系不局限于机组内部，即使是单人驾驶飞行，也存在与其他飞机、各种地面保障机构的关系。例如当人们处于疲劳、烦恼、精力不集中等情况下，对周围的情况变化的认知就会不那么敏锐，而这种敏锐对飞行不正常或紧急情况时的应急处置特别重要。

CRM 的训练内容范围广泛，包括从机组人员的群体心理、飞行员个人在群体中的作用到控制系统操作以及环境影响等各个方面。在人—机—环境—任务系统中，人是主要因素，但管理的作用不可忽视。管理是软科学，表现为计划、组织、指挥、控制、协调等活动内容。在事故研究中，引入管理的概念，把管理作为飞行事故中的一个因素，使人—机—环境—任务这个系统工程更为有机化，任何一个事故并非单纯一个原因，而是一连串的失误构成的事故链，有效的管理可以打断事故链，在预防事故中起整合作用，这使得驾驶舱资源管理的角色更加突出。

【案例】

（1）1997年6月9日，北方航空公司一架MD82飞机在日本宇部机场五边精密进近时，天气刚好处于天气标准边缘。当飞行人员操纵飞机出云，看见跑道和引进灯时，飞机位置偏离跑道中心较多，机组成员立即提醒机长复飞。但机长不听提醒，过分自信，盲目逞强，采取边修正位置边进近着陆的错误行为，严重违反了"在不具备正常着陆条件时必须果断复飞"的标准，结果飞机着陆带坡度，造成右机翼着陆灯擦坏的严重事故征候。

（2）1987年，美国西北航空公司一架DC-9-82飞机在底特律都会机场经停时，由于空中交通管制系统延误和圣安娜机场的关闭时间限制，机组为尽早起飞，在有风切变的情况下改变起飞跑道方向。当飞机滑出后，机组忙于输入和计算起飞数据，放弃了完成滑行检查单内容，根本没发现襟翼不在起飞角度位的错误，襟翼不在起飞位的报警系统也同时失效，致使飞机在襟翼全收上位起飞，造成飞机离地后，在上升仰角达到13°～14°的状态下爬升，并开始产生滚转。机长没有推杆减小仰角，错误地保持此仰角继续爬高，结果失速坠毁。

3.2.2 运行控制安全管理

航空公司运作的过程就是运行控制部门对航班的放行和运行监控。运行控制部门是航空公司的核心部门，对航班运行全程进行控制，在及时通报信息、控制运行风险、确保飞行安全上发挥重大作用。

运行控制部门主要负责航线、航班训练的计划申请、外部协调工作以及签订有关航务签派协议；负责日常航班、飞行训练的组织实施，收集并提供相关资料，掌握放飞标准；负责航务、签派人员的业务培训和技术执照的管理，确保有足够的符合法规要求的航务、签派人员承担公司运行的控制责任；负责航路导航数据、飞机性能数据的准确性；监督落实民航航空营运、签派有关法规和规章，负责编制航务手册、签派手册。

运行控制是指合格证持有人使用用于飞行动态控制的系统和程序，对某次飞行的起始、持续和终止行使控制权的过程。运行控制安全管理主要体现航前运行评估、航中签派放行和运行监控以及航后运行品质管理三个方面。

1. 航前运行评估

航班运行前，需要对各种运行条件进行全面的分析与评估，以确保本次航班的运行申请、程序与标准得到批准，这是确保安全运行的基本前提。航前运行评估涉及正常（特殊）航线、机型、时刻、机场等批准，所需导航性能（Required Navigation Performance，RNP）、区域导航（Area Navigation，RNAV）、涡轮发动机飞机延伸航程运行（Extended Range Operations by Turbine-engined Aeroplanes，ETOPS）、缩小最低垂直间隔（Reduced Vertical Separation Minima，RVSM）等特殊运行方式的批准，市场销售情况、飞机适航状况、天气条件、载重平衡、飞行性能、机场运行条件、机组搭配与资格、空管流量控制和空地通信等方面的批准。在这些评估条件中，应重点关注飞行性能、机场运行条件、机组搭配与资格、空管流控和空地通信等几个方面。

2. 航中签派放行和运行监控

（1）签派放行

签派放行是运行控制工作的一个重要阶段，它是确保每一个航班运行前严把安全关口的一个关键环节，也是保障后续运行顺畅的重要步骤。其主要职责是分析和评估在航班运行时段内所有运行条件是否足以保证本次航班按照计划安全地运行，当满足放行标准的时候即可在放行单上签字放行航班，并承担相应的法律责任；反之，推迟放行。始终达不到放行条件的时候，根据航班计划，建议取消航班。

在签派放行阶段，助理飞行签派员收集气象、航行情报等涉及运行的各类信息资料，为签派员和机长实施签派放行提供所需信息资料保障；飞行签派员向机长提供可能影响该次飞行安全的机场条件和导航设施等方面的报告或者信息，向机长提供所飞航路和机场的天气实况报告和天气预报，包括晴空颠簸、雷暴、低空风切变等危险天气现象；签派值班主任对飞行签派业务工作进行质量管理与控制。

（2）运行监控

在航班起飞后，运控中心签派员即开始对该航班进行严格的运行监控。监控航班飞行状态，掌握航路、目的地机场和备降机场的天气情况和影响飞行安全的航行通告等其他各类信息，向飞行机组提供有效的地面支援，同时对公司当天的所有航班进行合理化调整，保证航班的安全正常运行。运控中心对航班的运行监控就是对航班运行总体情况的掌握和控制，包括对不正常航班的调整和控制。当航班不能按签派放行单继续飞行，必须返航或备降时，与机长共同决定更改签派放行单，并通知有关部门做好保障准备；根据机组飞行后的情况汇报，记录有关的重要情况。

3. 航后运行品质管理

在航班任务执行完成之后，对本次飞行进行及时总结分析，根据是否有不安全或不正常运行，对运行品质进行分析。其主要工作包括通过对运行体系不安全信息的收集，分析评估安全风险，制定风险控制方案；对航班计划油量的准确性和航班计划执行的稳定性进行评估，并提出修正建议等。运行品质管理的相关信息，可以为航空公司提高航班计划稳定性、提升运行管理品质及不安全事件调查等提供依据和支持。

3.2.3 客舱安全管理

客舱安全是航空安全最直接、最重要的部分之一，没有客舱安全，就没有飞行安全。在飞行中，客舱中的突发事件可能危及旅客及客舱乘务员的安全。据不完全统计数据显示，1993 年至 2009 年，国内发生的客舱颠簸事件共造成旅客受伤 44 人，乘务员受伤 29 人。因此，客舱安全是安全管理中不容忽视的方面。

客舱安全管理主要包括日常安全管理和飞行实施中的客舱安全。

1. 日常安全管理

航空公司对客舱安全管理应有良好的政策导向，明确乘务工作必须将保证客舱安全列为第一要务，管理机制和方法应与其相协调。航空公司在满足规章的一般要求基础上，根据自身实际情况，不断提高对客舱安全的主动关注，对客舱安全管理进行主动的自我诊断、改进和完善。

日常的安全管理还体现在乘务人员的安全培训中，培训中应重视对乘务员的安全意识、法律意识、安全技能和自我履行安全责任的能力的培养和提高。日常训练使乘务员达到熟悉航空理论并在正常和紧急情况下都能正确使用机上设备的目标。美国在 2000年就提出了乘务员需要接受在紧急情况下如何处理旅客的客舱行李的培训，强调了乘务员在发布指令时应坚决明确。航空公司应制定专门程序来处理紧急撤离时旅客携带行李的情况，这个程序作为乘务员培训的项目之一。在乘务员做紧急撤离训练时，还要专门训练如何处理这种情况，这个程序应包括如何处置旅客行李。图 3.1 为乘务员接受应急撤离跳滑梯训练。

图 3.1　乘务员应急撤离跳滑梯训练

2. 飞行实施中的客舱安全

在飞行前，乘务组应根据要求进行精心准备，上机后对相关设施设备进行检查。乘务长对乘务组成员合理分工；检查客舱安全应急设施和服务设施，确认其完整、可靠；对机上供应品、食品、客舱清洁检查确认，并在交接单上签字；确认旅客登机前的客舱准备工作完成情况并向机长报告。其他乘务人员应完成飞行前的客舱直接准备工作，检查各自所在区域的紧急设备是否在待用状态、是否完好以及各个紧急设备的所在位置。

起飞前的安全检查，是保证安全的重中之重。安全检查包括要求旅客将便携式电子设备的电源置于关断状态；所有旅客就坐并系紧安全带，儿童需系紧安全带或由成人抱好；对于所有出口座位及靠通道一侧的座位，如果无人就座，应将其座位上的安全带固定好；确认旅客行李物品存放妥当，所有行李架关闭；通道、应急出口不得摆放行李物品；小桌板收直扣好，座椅靠背处于垂直位，脚垫收起；旅客座位上无饮料杯、餐具等杂物；门帘窗帘打开并固定；窗口遮光板收起；关闭厨房电源；固定厨房、盥洗室的设备和物品；盥洗室无人占用（锁闭）；录像显示器复位，将可伸展至通道的电影屏幕收好。图 3.2 为乘务员进行客舱安全检查。

图 3.2　乘务员进行客舱安全检查

在航班飞行中乘务员对客舱进行实时监控，巡视客舱设备运行状况，消除任何可能出现的安全隐患，保证客舱安全。遇有特殊或紧急情况时，及时向机长报告并按机长的指令做好对特殊或者紧急情况的处置。

3.2.4 维修安全管理

维修安全管理的目的是保证飞机本身的安全，即通过保证飞机的适航性，保证飞行安全。机务维修严格按照民航局有关适航规章、条例、标准的要求，实施对飞机的维修和控制，通过高质量的工作，达到持续符合适航标准的目的。航空公司一般通过严格机务人员的业务技术训练，注重对机务人员机型原理和实际操作的培训，提高维修技能和分析排除故障的能力；加强机务维修工程管理和可靠性管理，依据制造厂商的各类技术资料，根据公司飞机的使用特点和实际状况，制定有效的维修方案和可靠性管理方案，并认真加以执行；严格机务维修工作的过程质量控制，严格执行各类工作单、卡和各项技术标准，严谨工作作风，提高维修质量。图 3.3 为航空器维修场景。

飞机维修主要负责各类机型的航线维修、定检、附件修理和重要加、改装，承担其他航空公司委托代理的各种飞机的维修。根据民航规章要求，航空公司维修系统设有工程技术部门、维修计划和控制部门、质量部门和培训管理部门。工程技术部门负责制定维修方案和最低设备清单的相关部分，并制定具体的飞机维修技术要求或者改装方案。维修计划和控制部门根据工程技术部门制定的维修方案、维修技术要求和改装方案选择和安排实施维修工作，保证飞机运行和维修中必要合格器材的供应，统计和监控飞机及其部件的使用和维修状况。质量部门对各类人员和单位进行评估、对单机适航性状况进行监控，并实施维修差错管理和质量调查；同时，质量部门应当具有独立的质量审核职能。培训管理部门负责执行维修系统的培训政策，组织实施对维修系统人员（包括协议维修单位中的有关人员和合格证持有人授权的维修放行人员）的培训，并建立和保存人员技术档案和培训记录。

图 3.3　航空器维修

3.2.5 地面保障安全管理

地面保障负责国际国内旅客运输、货邮运输、机票销售管理；负责地面服务、货物装卸的管理；负责运输载重平衡、货物运价管理；负责航班信息的收集、整理、分析、发布；负责行李查询、服务咨询的管理；负责 VIP 及航班不正常服务管理；负责国际国内航班机上清洁管理；负责与航班有关的延伸服务管理；负责外国航空公司地面代理管理；负责外国航空公司雇员的管理；负责外国政府和企业商务飞行的地面代理。

航空公司一般通过严格人员业务培训，规范操作流程，认真做好值机验证和旅客行李控制工作，时刻掌握登机旅客动向，及时准确地向机长提供飞机平衡数据，把好营运安全关口；严格地面保障各类人员的上岗培训，认真组织拟订各项地面保障计划，控制好所属单位安全要素、要点，做好客舱清洁、机供品配送等工作，加强对现场操作流程的监控，规范各类机动车辆（如摆渡车/VIP 车、清污水车、垃圾车等）的管理和使用操作程序，保证运行安全。图 3.4 是工作人员办理值机手续场景。

图 3.4　工作人员办理值机手续

3.2.6 货运安全管理

近年来，我国航空货物运输量年均增幅超过 20%，约为世界航空货运业平均增速的 4 倍，2011 年中国民航货邮运输量 557.5 万吨。货物运输量激增以及客观环境和条件变化，对货运安全管理工作提出了新的要求。航空公司货运安全管理主要集中于危险品运输的安全管理。

为了按照局方要求进行危险品运输，保障运输安全，航空公司应制订危险品手册，并获得局方的认可。危险品手册至少应包括下列内容：

（1）航空公司危险品航空运输的总政策。

（2）有关危险品航空运输管理和监督的机构和职责。

（3）危险品航空运输的技术要求及其操作程序。

（4）旅客和机组人员携带危险品的限制。

（5）危险品事件的报告程序。

（6）托运货物和旅客行李中隐含的危险品的预防。

（7）运营人使用自身航空器运输运营人物资的管理程序。

（8）人员的训练。

（9）通知机长的信息。

（10）应急程序及其他有关安全的资料或说明。

同时，运营人应采取所有必要措施，确保运营人及其代理人雇员在履行相关职责时，充分了解危险品手册中与其职责相关的内容，并确保危险品的操作和运输按照其危险品手册中规定的程序和指南实施。

运营人危险品运输安全管理主要体现在货物收运、装载和存储等环节中。

运营人应当制订检查措施防止普通货物中隐含危险品，接收危险品进行航空运输应当符合下列要求：（1）除技术细则另有要求外，交运货物应附有完整的危险品航空运输文件；（2）按照技术细则的接收程序对包装件、合成包装件或盛装危险品的专用货箱进行过检查；（3）确认危险品航空运输文件由托运人签字，并且签字人已按本规定的要求训练合格。

装有危险品的包装件和合成包装件以及装有放射性物质的专用货箱应当按照技术细则的规定装载；除技术细则规定允许的情况之外，危险品不得装载在驾驶舱或有旅客乘坐的航空器客舱内；装有性质不相容危险品的包装件，不得在航空器上相邻放置或装在发生泄漏时可相互产生作用的位置上；毒害品和感染性物质的包装件应根据技术细则的规定装载在航空器上；装有放射性物质的包装件装载在航空器上时，应按照技术细则的规定将其与人员、活动物和未冲洗的胶卷分隔开。

运营人应确保收运危险品的存储符合下列要求：（1）国家法律、法规对相关危险品存储的要求；（2）技术细则中有关危险品存储、分离与隔离的要求。

3.2.7 航空公司安全审计

航空公司安全审计是对公共航空运输承运人的安全监管，主要包括国际航空运输协会（International Air Transport Association，IATA）安全审计、中国民航安全审计以及航空公司自身组织的安全审计三种类型。

1. IATA 安全审计

IATA 安全审计（IATA Operational Safety Audit，IOSA）是国际上被广泛承认和接受的一个提高安全水平的评估系统，用来评估运营人的运行管理和控制系统，其目标是使用国际认可的标准，推动标准化的审计项目，确保结构化的审计共享系统，减少行业内审计的次数，提高航空公司运行安全水平。

IOSA 审计标准源于 ICAO 的相关标准，特别是附件1、6、8以及欧洲和美国的规章和行业标准，审计范围涉及航空公司运行安全的八个方面：组织与管理系统、飞行运行、运行控制和飞行签派、飞机工程与维修、客舱运行、地面服务、货运和航空保安。

2. 中国民航安全审计

为强化民航主管部门对公共航空运输承运人的运行安全监管，规范安全审计工作，民航局根据《民用航空安全审计指南》的要求，制定了《航空公司安全审计手册》。审计的目的是检查被审计方就维持其安全运行所制定的相关政策、建立的组织管理体系、实施的工作流程及程序和法律、法规、规章及相关要求的符合性。掌握被审计方安全运行状况；查找被审计方安全管理上存在的问题，督促并指导其进行安全整改；促进被审计方建立和完善安全管理体系。

安全审计范围包括综合安全管理、飞行运行管理、客舱安全管理、维修管理、航务管理、旅客运输管理、货物运输管理、危险品运输管理和航空卫生管理。

3. 航空公司自身安全审计

为了及时、全面掌握公司自身的安全运营状况和面临的安全风险，航空公司自身定期组织安全审计，审计的基本原则与方法和民航局安全审计基本相似。航空公司自身安全审计范围涉及公司运行的方方面面，包括安全政策、安全管理体系、运控安全管理、飞行安全管理、客舱安全管理、维修安全管理、危险品运输管理、客货运输管理等方面。

3.3　航空公司突发事件应急处置

航空器的运行中可能会出现一些突发事件，对突发事件的处置是否及时、得当与事件造成的后果有着密切的联系。航空公司的突发事件涉及航空器事故、航空器被劫持事件、非法干扰事件、航空器发现爆炸物或受到爆炸物威胁、危险品泄露突发事件、医疗卫生事件、航空器紧急迫降事件、客舱突发紧急事件和大面积航班延误等方面，本节将对这些可能会出现的突发事件的应急处置进行介绍。

航空公司突发事件应急处置中涉及各个部门和岗位，航空公司一般会成立各个应急处置工作组，如航空器处置、客货处置、安全保卫、后勤保障、信息发布、应急救援、家属援助等，以达到迅速、及时、有效应对突发事件的目的。

航空公司的应急处置人员应熟悉本公司的应急处置规则、程序，熟悉本部门的应急处置职责，熟悉各自的应急处置职责，具有团队协作精神，统一听从应急指挥中心的指令，遵守保密性原则。

3.3.1　航空公司突发事件一般处置程序

航空公司突发事件一般处置程序包括信息报告、启动应急程序、现场救援、信息发布、善后处理等。

1. 信息报告

在发生突发事件后，首先收到信息的人员要立即向主管部门报告事件的概要。签派收到信息后，核实信息，并立即报告运行主任。

2. 启动应急程序

根据事件等级，运行主任启动相应的公司应急处置程序，并行使临时指挥权进行应急救援行动。各应急处置小组紧急到应急指挥中心集结，在应急总指挥的指挥下行动。

紧急调配飞机运送应急指挥相关人员、应急处置人员或其他相关专家和人员到达事发地；事发地无法安排旅客行程时，由航空公司进行调机运输旅客至目的地。

3. 现场救援

在突发事件现场救援中，航空公司各处置小组按照应急处置的原则和各自的职责进行处置，具体内容如下：

（1）运行签派：确定事件的具体位置；与事故所在地应急部门联系，对事故动态进行详细了解；通知应急处置各小组成员紧急集结，利用一切手段与航班机组、空管部门取得联系，获取相关信息；建立与现场应急救援间的通讯联系；收集、封存该航班的签派放行原始材料。

（2）协调指挥：整理保存各小组收集的飞机、航班的资料；与飞行机组、空中交通管制部门、飞机降落机场、事发地应急部门及有关部门保持密切的联系；负责组织应急救援调机工作；收集事件航班的全部伤亡情况；协调各部门间的行动。

（3）地面服务部门、飞行部门、机务部门、客舱部门：收集、封存所有该航班的原始材料及所有相关情况；选派相应机型的飞行技术专家、机务专家。

（4）安全保卫部门：立即组织人员赶往事故现场，组织应急指挥中心及应急处置的保卫工作；建立与当地警方的联系；负责对应急指挥中心、旅客及旅客家属安置场所的保卫工作；负责协助警方维护事故现场的保卫工作；负责信息发布现场的保卫工作；对事故航班的财产进行保护。

（5）信息保障部门：保证应急指挥中心应急系统的使用，保证应急指挥中心应急电话的畅通，为应急救援小组准备移动的通讯工具，保障应急指挥中心与应急现场的通讯联系、信息传递。

（6）航空器处置：提供关于飞行技术、机务方面的技术支持；提供调机机组，准备急救飞行；组织人员负责接待机组家庭成员；完成飞机的准备工作。

（7）客货处置：对事件中的未受伤旅客进行集中、组织、安排；负责对旅客身份的鉴别工作；负责安排事故航班旅客家属的联系工作；实施家庭救援计划的前期准备；按照计划开展家庭救援工作。

（8）信息发布：保持与外界媒体的联系、协调；负责事故现场的摄录像、拍照；收集外界媒体对事故情况的报道及社会反应情况，向应急总指挥报告。

（9）家属援助：开展家庭救援；对航班旅客进行精神安抚；接待、安置航班旅客、旅客家属；继续进行航班旅客的身份鉴别工作。

（10）事故调查：相关人员赶往事件现场，配合相关部门进行事故的调查取证。

4. 善后处理

根据现场救援情况，应急总指挥宣布解除应急处置程序，各小组继续实施旅客的家庭救援计划，参加事故调查。

3.3.2 航空器事故应急处置

航空器事故是指对于有人驾驶航空器而言，从任何人登上航空器准备飞行直至所有这类人员下了航空器为止的时间内，或对于无人驾驶航空器而言，从航空器为飞行目准备移动直至飞行结束停止移动且主要推进系统停车的时间内所发生的与航空器运行有关的事件，在此事件中：

（1）由于下述情况，人员遭受致命伤或重伤：

在航空器内，或与航空器的任何部分包括已脱离航空器的部分直接接触，或直接暴露于喷气尾喷，但由于自然原因、由自己或由他人造成的受伤，或由于藏在通常供旅客和机组使用区域外的偷乘飞机者造成的受伤除外；或

（2）航空器受到损坏或结构故障，并且：

对航空器的结构强度、性能或飞行特性造成不利影响，和通常需要大修或更换有关受损部件；或

（3）航空器失踪或处于完全无法接近的地方。

航空器事故处置中的重点工作包括：（1）运行签派人员应首先确定事件的具体位置，并与事故所在地应急部门联系，对事故动态进行详细的了解；建立与现场应急救援间的通讯联系。（2）航空器处置人员提供关于飞行技术、机务方面的技术支持；提供调机机组，准备急救飞行；组织人员负责接待机组家庭成员；完成飞机的准备工作。（3）客货处置人员将事件中未受伤的旅客进行集中、组织、安排；负责对旅客身份的鉴别工作；负责安排事故航班旅客家属的联系工作；实施家庭救援计划的前期准备；按照计划开展家庭救援工作。（4）家庭救援人员对航班旅客进行精神安抚；接待、安置航班旅客、旅客家属；继续进行航班旅客的身份鉴别工作。

3.3.3 航空器被劫持事件处置

航空器被劫持是指航空器在地面或空中飞行期间，遭到恐怖分子、犯罪嫌疑人用武器、爆炸物、危险物品等，以暴力或其他方式胁迫机组改变原定所飞航线、降落机场；或以暴力方式挟持机上所载人员要求飞机飞往预定降落机场以外的其他境内、外机场降落；或以暴力手段侵害机上旅客、机组人员，致使航空器上的旅客、机组人员生命安全受到严重威胁；或以报复国家、社会、故意制造事端为目的，用飞机当做炸弹来袭击地面要害部位、重要设施，分为空中被劫持和地面被劫持。

航空器被劫持事件处置中应遵循尽最大努力在地面解决的原则。如航空器在地面时，应设法阻止被劫持飞机起飞或再次起飞；如航空器在空中时，应设法争取飞机降落，争取地面解决。

航空器被劫持事件处置中的重点工作包括：（1）运行主任指挥各部门应急工作，如果被劫持航空器在地面，应立即将此飞机与周围的其他航空器远离，或根据机场的应急方案将飞机脱离到机场的指定区域。（2）运行签派通过与飞机机组或航行管制部门通讯联系，了解劫机者的人数、性别、手段、目的、国籍，劫机者的意图，可能降落的机场，并将应急指挥中心的指示设法传达给飞机机组。（3）航空器处置人员组织机务部门向专业警方人员提供介绍飞机的结构；准备备份飞行机组、乘务组、随机机务人员、随机的器材；完成飞机的准备工作。（4）安全保卫人员建立与当地警方、国家反

劫机办、反恐机构联系；负责应急指挥中心、旅客安置场所的保卫工作，协助警方维护事故现场的保卫工作；负责信息发布现场的保卫工作。

2012 年 6 月 29 日，天津航空公司一架 E190 飞机执行新疆和田至乌鲁木齐 GS7554 航班任务，12 时 25 分起飞后，在空中遭遇 6 名歹徒的暴力劫持。9 名机组人员在旅客协助下制服劫机歹徒，飞机于 12 时 47 分安全返航降落和田机场，成功挫败一起暴力恐怖劫机事件，保障了国家和人民群众生命财产安全。在事件处置过程中，飞行机组坚决果断、指挥有力，安全员和乘务员英勇无畏、舍生忘死，乘机旅客临危不惧、挺身而出，2 名安全员、2 名乘务员和多名旅客在搏斗中光荣负伤，展示了大无畏的革命英雄主义和集体主义精神。

3.3.4 非法干扰事件应急处置

非法干扰行为是指违反有关航空安全规定，危害或足以危害民用机场、飞机运行安全秩序，以及人员生命和财产安全的行为。

在非法干扰事件处置中应遵循确保机上及其他旅客和相关人员安全的原则。如航空器在地面时，迅速通知地面的公安部门，由警方进行处理；如航空器在空中时，由空中警察首先进行处理，飞机落地后交公安部门处理。

非法干扰事件处置中重点工作包括：（1）飞行签派人员通知保卫部门赶往现场；通知地面服务部门联系当地的警方，将具体的情况报告；通知空中警察支队；确定停机位置；将地面的计划通报飞行机组。（2）地面服务部门将情况报告当地警方；通报机场应急部门；选派专门人员保障此航班；配合保卫部门做好保安的预防措施；做好安排其他旅客的预案；准备地面保障车辆。（3）保卫部门派保卫人员赶往航班的现场；做好配合机场保安部门清舱的准备工作；配合警方做好调查的工作。（4）空中警察派人赶往航班现场；与机上空中警察联系取得详细真实的情况；写出报告提交运行控制部门值班主任。

3.3.5 危险品泄漏事件应急处置

危险品泄漏事件是指航空器上运载的具有严重放射性、污染性的危险品，因航空器颠簸、释压、包装不严、破损等原因造成危险物质泄漏、挥发，致使航空器上的人员出现身体不适、昏迷、失去知觉，或对飞机造成大面积的污染，设备受到严重腐蚀，危及飞行安全的事件，分为空中危险品泄漏和地面危险品泄漏两种情况。

1. 空中危险物品事件应急处置

空中危险品事件应急处置中的重点工作包括：（1）运行控制部门应查明飞机上有无危险物品，机组准备采取的措施；查明危险物品造成机上设备失效、飞机受污染情况，是否危及飞行安全，事件是否得到初步处理并得到控制。（2）客货小组人员参与抢救机上的旅客，将旅客安排到现场临时救治地点或安全地带，并做好安置服务。（3）

航空安全保卫值班人员，应迅速到达出事现场参与处置。航空器落地后，尽快用绳索或明显标志划定临时警戒区域，安排人员对飞机停放区域进行警戒等。

2. 地面危险物品事件处置程序

地面危险品事件应急处置中的重点工作包括：（1）运行控制部门立即查明发生事故的区域位置，交通线路情况；及时与机场应急部门或附近的医疗、环保、防疫部门取得联系，请机场及有关部门参与处置或救援工作。（2）客货小组人员组织实施对现场受伤人员、货物、邮件及行李的抢救保护；调动旅客摆渡车、行李传送带车、集装箱板、装卸平台车等车辆或设备，装卸人员到达指定位置；对抢救出来的货邮、贵重物品及时清点，安排专人进行警戒或看管；并对货邮进行检查，防止发生失火及泄漏。（3）安全保卫人员及时与公安、消防部门取得联系，说明事件地点、现场状况、危险物品性质、可用消防器材情况，请求支援；配合交通部门疏导事故现场周围交通，协助道路管制，引导救援车辆通行。

3.3.6 航空器发现爆炸物或受到爆炸物威胁应急处置

航空器发现爆炸物或受到爆炸物威胁事件是指嫌疑人以口头、书面或其他途径警告航空公司经营人，某一航空器上有爆炸装置，以此来满足其目的的行为，致使航空器上的旅客、机组人员生命安全受到严重威胁，分为空中发现爆炸物和地面发现爆炸物。

在航空器发现爆炸物或受到爆炸物威胁事件处置中应遵循以下原则：任何部门和个人在接到航班有爆炸物品的信息后，应立即报告应急指挥中心；在任何情况下，任何非专业人员不要接触、移动被认为是爆炸物品的可疑物。航空器在空中发现有爆炸物或受到爆炸物威胁时的处置原则：选择就近的合适备降机场降落，争取在地面处理；航空器在地面时，应紧急撤离旅客；航空器在空中时，应尽量使旅客远离该可疑物品，但不要引起机内恐慌；爆炸物的检查、排除必须要由专业人员完成，任何非专业人员不得进行此项工作。

3.3.7 医疗卫生事件应急处置

医疗卫生事件是指航空器进入过国际卫生组织或中国政府发布警告的大面积传染病区域的事件，或地面、飞行中出现旅客突发病症、死亡的事件。

在处理医疗卫生事件中应特别注意以下几个方面：参加航班地面保障工作的人员要做好自我保护的措施；航空器到位后，要等到检疫部门到场并同意开舱门时才可打开舱门；由检疫部门按规定对航空器进行处置工作，检疫部门同意后方可继续使用该航空器。医疗卫生事件处置中的重点工作包括：

（1）运行签派建立与飞行机组或管制部门的联系（空地通讯系统、卫星电话）；确认航班号，飞机号，飞机位置，旅客的姓名、国籍、疾病或受伤人员数量、大致症状和所需要的医疗服务的种类，飞机上采取的措施，机组的意图；联系目的地机场或备降机场的航站或代理部门。

（2）运行部门将具体情况报告应急总指挥、降落机场应急部门；将应急总指挥的指令下达到执行部门；如飞机在地面，确定旅客下飞机进行紧急治疗，对飞机进行清舱检查；如飞机在空中，在机上有空余座位时，提醒乘务人员将病症旅客与其他旅客隔离；如果大面积污染、有死亡需要尽量协调机场安排远离候机楼的机位；组织、协调处理过程。

（3）地面服务部门提供航班基本信息，病症旅客的陪同人员名单、家属及联系方式；联系并协助机场检疫部门、海关部门、移民局；协助医疗部门的抢救工作；协助检疫部门对飞机、行李、货物的检疫；协助安全检查部门对飞机的清舱工作；旅客的组织工作；安排旅客的后续航班；负责旅客及旅客家属的联系。

（4）客舱部门派人应立即到运行控制中心对机上的乘务员处理做出协助、技术指导；乘务人员协助地面的工作；写出情况报告，上交到运行主任。

（5）后勤保障部门应立即派医疗人员赶往现场，协助当地医疗机构进行工作；准备地面的交通车辆，保证机组成员、其他旅客的地面交通；医疗人员协助做好检疫部门的工作。

（6）货运部门协助检疫对货物邮件的检查工作；报告货物的品名、性质。

2003 年"非典"期间，航空公司采取了有效的应对措施，主要包括：（1）加强对飞行员和乘务员的"把关"。空勤人员出现发热、咳嗽、呼吸加速、气促等症状和体征的，不得参加飞行，并立即报告单位，及时就诊。（2）航空公司加强对航空器的通风和卫生消毒处理，对于运送过有非典型肺炎病人和疑似病人的航空器，进行空气和物体表面消毒处理。（3）飞机上发现非典型肺炎或疑似非典型肺炎的病人时，采取以下措施：机长立即通过空中交通管制部门，向机场现场指挥部报告；乘务人员对病人或疑似病人进行隔离，禁止各舱位间人员流动，对密切接触者采取戴口罩等预防措施。（4）机组人员要配备棉纱口罩等防护用品，航空器要配备与座位数相应的棉纱口罩和消毒用品。

3.3.8 航空器紧急迫降事件应急处置

航空器迫降是指航空器在空中由于设备故障、失火、燃油不足、发现爆炸物等原因，必须采取紧急迫降措施的事件，分为机场内迫降和机场外迫降。

航空器紧急迫降事件处置中的重点工作包括：（1）运行签派人员了解飞机的情况、迫降机场的天气情况、航行通告、预计到达迫降机场的时间、使用的跑道、飞机的剩余油量。（2）协调指挥人员收集保存各小组收集的飞机、航班的资料；保持与飞行机组、空中交通管制部门、飞机迫降机场、迫降机场应急部门、政府相关部门的联系；协调各部门间的行动。

【案例】

美国纽约当地时间 2009 年 1 月 15 日下午，美国航空一架空客 A320 客机起飞后不久在纽约哈德逊河紧急迫降。经及时救助，机上 155 人（其中包括两名机师和三名乘务人员）在飞机沉没之前全部获救。

这架客机从纽约长岛拉瓜迪亚机场飞往北卡罗来纳州夏洛特，起飞约 90 秒后因飞鸟撞击导致飞机的两个发动机失灵。机长随即呼叫长岛地面控制中心，称客机遭遇"双重鸟击"。由于两个发动机均无法运行，客机难以返回起飞机场或降落到备降机场，机长果断决定改向哈德逊河方向滑翔。

凭借着出色的驾驶技术，机长将客机以尽可能慢的速度和最佳角度迫降在河面，客机并没有立即沉入河底，这给随后的救援提供了宝贵时间。而飞机上的乘客在乘务员的指挥下，有秩序地逃出紧急舱门，站在浮在水面的机翼上等待救援，如图 3.5 所示。

纽约市消防部门 15 时 31 分接到首个报警电话，消防车不到 5 分钟便抵达事发现场。河对岸的新泽西州威霍肯市警方、消防队员和医疗救护人员也在几分钟内到达，海岸警卫队等机构也迅速赶到支援。

经过数小时的全力救援，全体人员获救，机长萨伦伯格和多名警员进入机舱，确认乘客和机组人员全部获救后才最后离开机舱。

图 3.5　旅客在机翼上等待救援

3.3.9 客舱突发紧急事件应急处置

客舱内常会发生一些突发的紧急事件，这些紧急情况的发生都会影响到旅客人身安全，常见的客舱突发紧急事件有机上失火、客舱释压、空中颠簸、水上迫降、航空器事故等等。这些都是客舱中常常会遇到的紧急情况，客舱的乘务员应时刻注意这些紧急情况的发生，一旦有危险情况或突发情况发生，就应该马上做出判断，把对旅客的危险和影响降到最低，从而保证客舱安全与旅客的人身安全。这里重点介绍机上失火和客舱释压的应急处置。

1. 机上失火的应急处置

在飞行过程中可能引起机上火灾的原因有多种，包括烤炉内存有异物或加热时间过长、电器设备操作或使用不当、洗手间内抽水马达故障、旅客携有易燃物品等。根据起火的原因，机上失火的种类大致可分为四类：可燃烧的物质，如织物、纸、木、塑料和橡胶等的燃烧；易燃的液体，如汽油、滑油、油脂、溶剂和油漆等物质引起的火灾；电器设备失火；易燃的固体，如镁、钛和钠等物质引起的火灾。

（1）一般处置程序

发生机上火灾时，客舱乘务员应立即采取应对措施，一般的灭火程序是：寻找火源，确定火的性质，切断电源；取用相应的灭火瓶灭火，并穿戴好防烟面罩，做好自身的保护；收集所有的灭火设备到火场，监视现场情况，保证余火灭尽，随时向机长报告现场情况；灭火时，如果条件允许，要三人组成灭火小组，一名负责灭火，一名负责联络通讯，一名负责协助。

在进行机上火灾灭火时应注意保持驾驶舱门的关闭，并始终保持与驾驶舱的联系；搬走火源附近的易燃物或氧气瓶等；灭火人员应戴上防烟面罩，必要时穿上防火衣；随时准备撤离旅客，保持旅客的情绪稳定；停止通风工作，控制火情。

（2）保护措施

在机上发生火灾时，客舱乘务员及旅客应采取措施保护自身的安全：迅速调整火源附近旅客座位；指挥旅客身体放低，用手或其他布类物品罩住口鼻呼吸（衣服、小毛巾等，如果湿的更好），以避免吸入有毒气体；穿上长袖衣服，防止皮肤暴露；客舱乘务员应迅速戴好防烟面罩并保持低姿态或用毛巾类物品捂住口鼻。

2. 客舱释压的应急处置

客舱释压分为两种类型，缓慢释压和快速释压。缓慢释压是指逐渐失去客舱压力，它可能是因机舱门或应急窗的密封泄漏或因增压系统发生故障而引起的。快速释压是指迅速失去客舱压力，它可能是因使密封破裂的金属疲劳、炸弹爆炸或武器射击而引起的。在极端情况下，可以把快速释压归类为爆炸性释压。

发生客舱释压一般会引起缺氧反应，缓慢释压会引起机上人员发困和感到疲劳、氧气面罩可能脱落、应急用氧广播开始、失密警告灯亮、在机舱门和窗口周围可能有光线进入、人员耳朵不舒服等反应；快速释压会引起飞机结构突然损坏并出现强烈震动、有物体在客舱内飘飞、客舱内温度下降、有很响的气流声及薄雾出现、机上人员感觉压耳痛、飞机作大角度的应急下降、系好安全带灯亮等反应。

发生客舱释压后，机组和客舱乘务员应立即采取应对措施：

（1）机组对释压的直接处置

机组成员应立即戴上氧气面罩，把飞行高度迅速下降到大约10000英尺的高度上，并打开"禁止吸烟"和"系好安全带"的信号灯。

（2）客舱乘务员对释压的直接处置

客舱乘务员应立即停止服务工作，戴上最近的氧气面罩；迅速坐在就近的座位上，系好安全带，如果没有空座位，则蹲在地上，抓住就近的结实机构固定住自己；在配戴氧气面罩的情况下，呼喊指示旅客戴好面罩、系好安全带；观察周围情况，帮助指导旅客用氧（指示旅客摘下眼镜，指示已经戴上面罩的成年人协助坐在旁边的儿童，指示带儿童旅行的旅客先给大人戴上面罩再协助儿童）；如机体有损坏，应立即使用内话报告机长；等待机长指令。

（3）到达安全高度后进行客舱检查

在机长发布到达安全高度可以安全走动指令后，客舱乘务员应检查旅客和客舱：携带手提式氧气瓶，检查旅客用氧情况，首先护理受伤的旅客；为需要继续使用氧气的旅客提供手提式氧气瓶；检查客舱破损情况，如飞机结构有损坏，应重新安排旅客座位，远离危险区域；检查客舱有无烟火，必要时实施灭火程序。

3.3.10 大面积航班延误应急处置

大面积航班延误是指因为天气、机场设施、突发事件等原因造成进出机场航班出现较多、较长延误的情况。当大面积航班延误发生后，航班大量延误、旅客大批滞留，给航空公司的运行和效益带来很大影响。

大面积航班延误应急处置中的重点工作包括：

（1）运行指挥

根据当日航班运行、旅客待运情况，按照航空公司制定的大面积航班延误应急处置原则评估执行放行的先后次序；按照先后次序，动态控制席位，合理安排航班与飞机的衔接和先后顺序，将信息发布给相关保障部门，并注意延误信息等动态信息的及时发送；在制作计算机飞行计划时，应根据预计地面等待时间和航班受影响严重程度，适当增加额外燃油；放行席位根据先后顺序向机组提供再次放行需要的天气报告、航行通告、签派放行单、计算机飞行计划等。

（2）现场组织督查

运行控制部门根据航班调整后的先后顺序，安排现场监控工作，落实现场保障工作；汇总各保障单位的落实情况，并向运行控制部门通报。

（3）机组保障

运行控制部门将航班调整情况、延误情况等及时通知飞行部门、机组排班部门，并注意值勤时间，提前向运行控制及机组排班部门提出预警和合理建议；汇总飞行部门、客舱部门的落实情况和机组排班部门的反馈，向运行控制部门通报。

（4）旅客服务保障

旅客服务和地面保障部门应将出港航班的旅客人数、要客信息、旅客中转联程情况提供给运行控制部门；地面服务保障部门根据航班先后顺序，科学组织旅客登机；地面服务保障部门根据航班延误情况，适当安排旅客休息。

（5）机务保障

机务工程部门应尽快了解掌握相关飞机的状况，并通报运行控制部门；现场维护人员应根据航班先后顺序，做好飞机保障工作；跟踪、检查现场维护工作的落实情况。

参考文献

［1］罗军. 民用航空运输安全管理的博弈［D］. 西南交通大学，2008

［2］周东. 民航飞行安全与航空公司失误控制［D］. 西南交通大学，2001

［3］高建廷. 机组资源管理的人为因素及技能训练研究［D］. 南京航空航天大学，2006

［4］郭海波. 南方航空公司运行控制系统的分析与设计［D］. 大连理工大学，2009

［5］刘小娟. 客舱安全中的威胁和疏失现象［J］. 中国民航大学学报，2007-25（z1）：75-79

［6］章德田，宋志平. 完善驾驶舱资源管理［J］. 中国民航飞行学院学报，2001-3：20-22

［7］余冲，李立文，杜鹃. 我国航空公司安全管理存在的问题及对策［J］. 2010（33）：64-65

［8］航空公司安全审计手册（第二版）. 中国民用航空局，2010

［9］何珮，刘小红. 客舱安全与应急处置［M］. 北京：中国民航出版社，2007

第 4 章　民用机场安全管理与应急处置

4.1 机场运行管理概述

机场管理一般包括机场运行管理、机场经营管理、资本运作管理等，由于机场的安全与运行是密不可分的一个整体，因此机场安全管理实质上是整个机场运行管理中的一个子系统。

机场管理机构的主要任务是建设、管理好机场，保障机场安全、正常运行，为所有航空器的飞行活动提供安全保障和服务；为旅客提供服务；为驻机场各单位提供工作和生活服务。机场管理机构必须按照机场所具备的条件，保证各种设施、设备处于正常使用状态。

机场运行管理主要包括飞行保障系统、空防保障系统、航站楼保障系统、机坪保障系统、运行指挥系统、应急救援系统，此外还包括信息保障系统、运行支持系统、施工管理系统、消防管理系统等。

4.1.1 飞行保障系统

飞行保障系统是机场运行安全管理最为重要的一个环节，主要是保证飞机在机场停放、滑行、起飞、降落以及地面作业过程中的安全。飞行保障系统可细分为净空管理、鸟害防治、道面管理、助航灯光管理、围界管理等。

1. 净空管理既包括对超高建筑物等静态障碍物的管理，同时也包括对气球、礼花、烟尘等动态障碍物的管理。

2. 机场鸟害预防，就是要减少机场对鸟类的吸引，让鸟类尽量远离机场活动，避免其对航空器安全运行造成危害。预防机场鸟害，一方面，可以从减少机场吸引鸟类的各种因素入手，如减少机场内可作为鸟类觅食的对象，包括老鼠、蚯蚓、昆虫等动物类食物和浆果、种子等植物类食物；减少机场场地表面积水、填平低凹处、完善排水设施、保持排水沟通畅，从而减少水源对鸟类的吸引。另一方面，可以从采用各种驱赶鸟类的方法入手，如采用听觉威慑法、视觉威慑法、化学试剂和捕捉等，从而达到驱赶鸟类的目的。

3. 道面管理主要包括对道面标示标志的管理，对雨、雪、冰冻天气下的道面维护、道面杂物管理、道面修补管理以及道面除胶等。另外还包括对人员、车辆等禁入跑道及滑行道的管理。

4. 助航灯光管理主要是指对风向标、各类道面标志、引导标记牌、助航灯光系统的管理。目视助航设施应确保始终处于适用状态，标志物、标志线也应当清晰有效，颜色正确。助航灯光系统和可供夜间使用的引导标记牌的光强、颜色、有效完好率、允许的失效时间，应当符合民航局关于机场飞行区保障的相关技术标准要求。助航灯光管理应着重于避免因滑行引导灯光、标志物、标志线、标记牌等指示不清、设置位置不当而产生混淆或错误指引，造成航空器误滑或人员车辆误入跑道、滑行道的事件。

5. 机场设置围界是为了实行飞行区封闭式管理，是维持飞行区良好秩序的需要。围界管理工作主要包括围界是自然破损还是人为破坏，是否有人攀爬、翻越围界，是否对应急通道及锁闭设施进行过检查，是否发现无证人员及车辆，是否发现可疑物品及活物，是否发现有人通过围界传递物品等内容。

4.1.2 空防保障系统

空防保障系统是为了有效预防和制止人为非法干扰民用航空的犯罪与行为，保证民用航空活动安全、正常、高效运行所进行的各种活动，以及所采取的各项法律法规及规范性文件的总称。空防保障系统包括安全检查系统和安全保卫系统。

安全检查是指对人员（旅客）、行李和货物进行的严格检查，是为防止劫（炸）飞机和其他危害航空安全事件的发生，保障旅客、机组人员和飞机安全所采取的一种强制性的技术性检查。安全检查的设备包括安检门、探测器及其他爆炸物探测装置等。

安全保卫系统主要包括航空器的监护、航站楼的治安、机场入口管理、机场治安管理、重要设施设备保卫、重大社会活动保卫、专机、要客保卫等内容。

根据安全检查和安全保卫的需要，一般可以将机场分成控制区和非控制区两部分。控制区是旅客、行李、货邮进入时要接受安全检查和受到管制的区域。航站楼内的控制区通常以安检通道入口或联检通道入口为界，旅客进入安检通道或联检通道后，即进入受管制区域。托运行李控制区通常以值机柜台为界，行李由值机柜台收取后进入控制区域。货邮进入货站被收取后即进入控制区域。

为了机场安全管理的需要，在进入控制区的通道入口处均设有保安人员看守。进入控制区的工作人员，必须持有相应的证件并佩戴胸牌，进入的车辆必须有相应的牌照。在控制区内的旅客只能在限定的区域内活动，并遵守机场相应的管理规定。进入控制区的行李及货邮也始终处于受控状态。

4.1.3 航站楼保障系统

航站楼是为旅客提供服务的区域，航站楼一侧连着机坪，另一侧与地面交通系统相联系。旅客航站楼的基本功能是安排好旅客、行李的流程，为其改变运输方式提供各种设施和服务，使航空运输安全有序。在航站楼区域，旅客可以完成值机、安检、出入关、检验检疫以及登机前的候机、迎送旅客等各项活动。航站楼也是航空公司、机场等民航单位的主要活动场所。航站楼保障管理主要包括航站楼设备管理、廊桥设备管理等。航站楼设备管理主要包括消防设备、值机柜台设备、行李传送设备、离港系统设备、航班显示设备、照明设备、水电冷暖设备等的管理。

航站楼安全管理的一项重点工作是消防安全管理，特别要注意大客流突发紧急情况下的人员疏散，要确保人员紧急撤退路线的畅通，还要定期组织航站楼防火演习和人员疏散撤退演练。另一项重点工作是航站楼的空防安全管理，主要目的是防止犯罪分子在航站楼人员密集区域实施犯罪，对乘客造成人身伤害和财产损失。

4.1.4 机坪保障系统

机坪是航空器、运输服务、机务、油料等部门活动的主要场所。机坪保障系统管理一般包括机坪航空器运行管理、机坪车辆人员管理、机坪设施设备管理和机坪标志管理等方面。机场机坪安全管理是民航安全管理的重要组成部分，直接影响到航空器在地面运行和停放期间的安全和地面保障作业的效率。在机坪运行的单位、工种、车辆、人员、交叉运行都很多，各个部门的人员在有限时间内要完成大量保障任务，紧张繁忙，而机坪内的操作往往又分属多个单位，相互协调复杂，同时机坪噪声和较差的灯光条件，也增加了安全操作的危险性，因此管理存在较大的难度和风险。

机坪安全管理主要包括对航空器、各类车辆在机坪的运行，机坪设施设备的维护，机坪设备的摆放，机坪运行信息的传递，停机位的使用，机坪的非正常开放与关闭，机坪环境保护以及机坪消防等方面的管理内容。同时上述各方面也是机坪安全管理的重点环节，在《机坪运行管理手册》中有明确的规定。

4.1.5 运行指挥系统

机场运行指挥部门是机场运行的神经中枢，担负着机场运行的计划、组织、指挥、协调、控制和应急救援指挥的重要职责，其作用是保证机场安全、有序、高效地运行。机场以运行指挥部门为核心，将机场生产运行网络、通信信息网络、组织指挥网络、安全保障网络、应急救援网络整合为统一的运行管理体系，实施统一的组织协调指挥，对机场资源实施有效管理，确保机场运行正常进行。机场运行指挥部门的主要职责是落实民航局、地区管理局、当地政府等上级机关有关机场运行方面的指示和要求，协调与驻场单位在生产运行中的各种关系，指挥协调机场各单位确保机场生产运行正常进行。

作为机场运行的核心，机场运行指挥系统通常包括以下主要职能：根据航空公司提供的航班计划，编制本场每天的航班预报，并通过机场运营管理系统向各保障单位或部门发布；收集、传递本场的停机位、登机门和行李传送带等各种运行资源的分配和调整；掌握记录飞行动态和航班信息，及时调整航班信息并向相关单位和部门发布；发布航班生产，保障服务指令；参与专机、重要飞行及要客等重要航班保障工作；收听塔台与机组的对话，如获悉重要异常情况，立即组织处置和报告；紧急情况发生时，负责应急救援工作启动与协调；监督机场代理航班的保障过程，协调航班生产工作，报告航班生产异常情况；与航管部门、航空公司及驻场单位进行协调，交流航班生产、保障服务信息；对机场航班正常率情况进行统计；收集航班服务保障情况，分析航班延误原因等。

4.1.6 应急救援系统

机场应急救援是指对发生在机场和邻近区域内的航空器突发事件和各类非航空器突发事件所采取的预防、响应和恢复的计划和活动。每个机场均应建立符合应急救援要求的应急救援体系，包括制定应急救援预案、建立应急救援工作领导小组、设立应急救援总指挥和应急救援指挥中心、与地方人民政府相关单位签订支援协议，并开展相应的日常管理。在机场发生航空器突发事件和非航空器突发事件时，能及时有效地组织机场及驻场各有关部门实施应急救援，协助事故调查部门完善事故调查工作，并组织残损航空器搬移。应急救援的对象是指在机场及其邻近区域内，航空器或机场设施发生或者可能发生的严重损坏以及其他导致或者可能导致人员伤亡和财产严重损失的情况。

机场应急救援的目的是为了有效应对民用运输机场突发事件，避免或者减少人员伤亡和财产损失，尽快恢复机场正常运行秩序。建立一套完善的应急救援管理体系，可以使应急救援工作规范化，提高应急反应能力，整合发挥各管理部门的合力作用，减少人员伤亡及财产损失，提高应急救援工作整体水平。当机场区域发生各种突发事件时，能迅速有效、协调统一地开展救援，减少损失和迅速组织恢复正常状态。机场应急救援工作应当遵循最大限度地抢救人员生命和减少财产损失，预案完善、准备充分、救援及时、处置有效的原则。

4.2 机场安全管理

机场安全管理是确保机场运行安全的核心工作，对于航空器在机场的起降、地面运行以及其他地面保障系统的安全至关重要。其中航空器运行是本章关注的重点内容，因此下面将着重介绍与航空器运行密切相关的飞行区安全管理、机坪安全管理、目视助航设施管理、机场净空和电磁环境保护、机场鸟害及动物侵入防范、除冰雪管理以及不停航施工管理。

4.2.1 飞行区安全管理

飞行区安全管理是机场安全管理的核心部分，飞行区日常管理和维护对确保航空器安全运行具有重要意义。

机场在飞行区安全管理方面应当重点做好以下工作：第一，保证机场跑道、滑行道、机坪等道面的表面状况基本完好、符合标准，对出现的各类破损要进行及时维修。同时还要做好飞行区日常巡视检查，及时发现和解决问题。第二，保证各种目视助航设施，包括标志、标志物、标记牌和助航灯光的完好有效。第三，保证机场跑道具有良好的摩阻性。为此，要对道面摩擦系数进行检测，还要及时清除降低道面摩阻性的各种污染，包括机轮胶迹、冰雪等。第四，保证升降带和其他土面区的平整和强度，控制土质区植草的高度。第五，进行有效的环境控制，主要包括机场净空管理、机场鸟击防范和机场巡场路、围界的维护。第六，做好机场排水、防洪设施的维护管理，防止道面、土质区积水。第七，做好飞行区保洁，及时清除垃圾、杂物和威胁航空器安全的外来物。第八，对于可能降雪的机场，要做好飞行区道面的除冰除雪工作。

1. 飞行区设施维护

机场的跑道、滑行道、机坪的几何构型以及平面尺寸对航空器起飞、降落、滑行及其他活动非常重要，因此必须符合民航各项规定和标准的要求，并确保始终处于适用状态。当机场道面出现破损时，应当及时按照抢修预案进行修补，尽量减少道面破损和修补对机场运行的影响。道面破损的修补应当符合有关标准要求。当跑道表面摩擦系数低于规定的维护规划值时，应及时清除道面的橡胶，或采取其他改善措施。飞行区土面区应尽可能多植草，固定土面。在升降带平整区和跑道端安全区内，除航行所需的助航设备或装置外，不能有突出于土面、对偏出跑道的航空器造成损害的物体和障碍物。航行所需的助航设备或装置应当为易折件，并满足易折性的有关要求。升降带平整区和跑道端安全区内的混凝土、石砌及金属基座、各类井体及井盖等，除非功能需要，否则应当埋到土面下一定的深度。飞行区围界应当完好，具备防钻防攀爬功能，能有效防止动物和人员进入飞行区。飞行区内排水系统应当保持完好、畅通。跑道、快速出口滑行道表面在雨后不应有积水。发生积水、淤塞、漏水、破损时，应当及时疏通和修缮。排水设施应当保持适用状态，渗水系统也应当保持完好、通畅。

2. 飞行区巡视检查

机场飞行区区域面积大，且有多种设施设备。为了确保设施设备正常、适航，必须建立科学、严格的巡视检查制度。机场和空中交通管制部门应当相互协调、密切配合，安排必要的飞行区场地检查所需的时间，对飞行区场地进行检查。

机场飞行区巡视检查的对象主要包括机场道面、飞行区土质区、目视助航设施和机场排水设施等。检查的目的是对正常状态予以确认，对存在问题及时发现。机场飞行区管理部门，应对巡视检查对象和作业方式、工作流程进行深入分析，摸索规律，合理选择巡视检查的人员、路线、时机，力争做到检查质量高、占用时间少。

3. 飞行区道面维护

对于飞行区道面，特别是跑道，为了保持良好的摩阻性，保证道面具有良好的抗滑性，必须及时进行跑道除胶，及时清除各种道面污染。民航局规定，跑道日航空器着陆 15 架次以上的机场，应当配备跑道摩擦系数测试设备。

由于飞机着陆速度很高，致使接地时轮胎与道面之间产生强烈摩擦而导致极高的温度，使轮胎橡胶瞬间溶化并涂抹在道面纹理中，造成明显的道面橡胶沉积。随着道面胶层的不断加厚，道面摩擦系数明显降低，影响飞机的制动性能。特别是在湿道面状态下，跑道摩擦力显著降低，直接影响飞机的着陆安全。因此，机场跑道要定期进行除胶。跑道的橡胶沉积速度与多种因素有关，其中飞机的起降架次是影响最大的因素。目前道面除胶主要有三种方法：超高压水冲洗法、化学除胶法和机械打磨法。

机场道面可能出现各种污染，如不及时清除，也会对跑道使用性能造成不利影响。泥土是跑道上可能经常出现的污染。在升降带土质区植被不良或没有植被时，被风刮到跑道上的尘土，或经雨水形成的尘泥，都可能嵌入道面的纹理之中，从而影响跑道的摩阻性。道面上还可能出现各种油料，如航空煤油、润滑油等，这些油品不仅会污染、腐蚀道面，也会影响道面的摩阻性。此外，道面上废弃的油漆标志，也应彻底清除。当然，对摩阻性影响最大的污染还是冰雪。在机场中，上述污染通常是通过保洁作业、除胶作业和除冰雪作业进行清除的。

4. 飞行区保洁

飞行区保洁是指为了使飞行区的跑道、滑行道、机坪和土质区保持清洁，及时清除污染、杂物，特别是影响航空器安全的外来物，以防止外来物伤害（Foreign Object Debris，FOD），对飞机的伤害特别是对发动机造成的破坏。被外来物打坏的飞机发动机和液压系统如图 4.1 所示。

图 4.1　被外来物打坏的飞机发动机和液压系统

应对跑道、滑行道进行定期清扫。停机坪上的杂物除了道面本身损坏的碎石、混合料碎渣及接缝材料外，还有从飞机、车辆上遗落、脱落的零部件、货物和其他杂物，因此机坪上随时都有可能出现影响飞行安全的杂物，机坪上只要有飞机活动就应该有值班维护人员随时清扫。道面上出现个别石子杂物宜人工用扫把清除。

　　机场道面表面可能会受到燃油、润滑油、液压油、标志油漆、橡胶或其他化工物品的污染，污染物可能造成道面滑溜、遮盖地面标志或对道面造成侵蚀，同时也影响场地美观，特别是对道面有侵蚀作用且易燃的油类和其他化工物品应随时清除，以减少其对道面的损伤和防止火灾。2006 年 1 月，国内某航空公司航班从停机坪机位出港后，经飞行区滑行道滑行过程中两侧发动机吸入异物，导致该航班终止出港任务，对发动机造成了一定的损伤，经查发现异物为某快运公司带有胶带的塑料布，如图 4.2 所示。

图 4.2　航空器发动机吸入塑料布造成损伤

4.2.2　机坪安全管理

　　机坪是飞行区供飞机上下旅客、装卸货物或邮件、加油、停放或维修使用的特定场地。机场因规模不同，其机坪的数量也不等，每个机坪由数量不等的机位组成。就我国来说，特大型机场有十几个机坪，几十个甚至上百个机位。小型机场则只有一个机坪，两三个机位。候机楼附近的机坪称为近机位机坪，旅客通常通过连接飞机与候机楼的廊道型旅客桥（廊桥）登机或离机。离候机楼远的机坪称为远机位机坪，旅客通过客梯车或机上自备梯登机或离机，候机楼与飞机停放机位之间的连接过程则由机坪摆渡车来完成。

　　1. 机坪运行设备

　　在机坪上运行的主要设备包括旅客服务设备、飞机装卸设备和飞机服务设备。

　　旅客服务设备有廊桥、客梯车和摆渡车等；飞机装卸设备有行李牵引车、行李拖斗、升降平台车、叉车、传送带车、食品车、清扫车等；飞机服务设备有清水车、污水车、油车、管道车、飞机拖车、电源车、维修平台车、可升降飞机除冰车等。客梯车、行李升降平台车和加油车的作业现场分别如图 4.3、4.4 和 4.5 所示。

图 4.3　客梯车与飞机舱门对接作业现场

图 4.4　行李升降平台车作业现场

图 4.5　加油车作业现场

2. 机坪事故类型及预防

机坪是地面车辆和人员作业较为密集的区域，因此在作业时操作人员要特别注意严格遵守操作规范，对危险区域和危险环节重点加强防范，避免航空器损坏或人员受伤的情况发生。

为避免机坪不安全事件的发生，要重点加强机坪车辆行驶速度的控制。严格遵守行车速度规定，严格按照行车路线驾驶车辆，接近飞机时要根据相关规定减速慢行，避免以过快的车速靠近航空器。此外，在天气状况不佳的情况下，要及时开启大灯及雾灯，交通状况拥挤时要确定所驾驶的行李车或其他地面车辆与前后车辆保持安全距离。车辆停靠时应以不影响交通为原则，车辆停稳后及时使用轮挡固定车辆位置，避免车辆靠近飞机发动机。在机坪作业人员训练中，应强化拖车、行李车等车辆的操作规范。机坪作业人员在作业时应佩戴好个人防护装备，如安全帽、耳罩耳塞、反光背心、手套等，以避免意外事故和职业伤害。

根据国际飞行安全基金会的统计，由于机坪事故造成的航空器及其他设备设施损坏，每年给航空公司造成的损失超过 50 亿美元。国际机场协会（Airports Council International，ACI）对机坪事故进行了分类，根据 ACI 的分类标准，机坪事故主要包括以下类型：

（1）机坪主要设备因操作不当对停放飞机造成的事故。

（2）机坪设备因操作不当对移动中飞机造成的事故。

（3）飞机尾喷流对机坪设施设备损坏造成的事故。

（4）机坪设备对机坪设备造成的事故。

（5）机坪设备对机场设施造成的事故。

（6）机坪飞机或设备因油料泄漏造成的事故。

上述各类事故中，对机坪上飞机造成损伤的情况一般包括飞机与飞机相撞、飞机与设施设备相撞、机坪飞机与车辆相撞、机坪地面杂物造成飞机损坏以及恶劣天气造成机坪飞机损坏等。这些事故往往是由于对外部车辆管理不力，或者是由于机坪车行道及人行道设计方面存在问题，或者地面设备车辆操作人员操作方面存在问题造成的。因此，在进行机坪安全管理时，重点应加强对地面车辆行车路线规划、人员操作技能等方面的管理。

【案例】

2005 年 12 月，美国阿拉斯加航空公司一架航班号为 AS536 的 MD－83 飞机在西雅图机场起飞后不久，在高空突然发生客舱失压，飞行员紧急下降飞行高度，最终返航迫降在西雅图机场。事后调查发现，飞机左侧货舱门附近的一个大洞，是造成客舱失压的直接原因。而这一洞口的形成则是由于机坪工作人员在驾驶一辆行李车时不小心撞到了飞机左侧蒙皮，出现一道小裂纹，飞机起飞后由于内外压力差过大导致裂纹扩展并最终在飞机蒙皮上形成大洞。这一案例充分说明了机坪安全管理的重要性。

【案例】

2010 年 7 月，某空港配餐公司食品车完成航空公司飞机配送服务后驶离时，与该架飞机左机翼顶端发生刮蹭，如图 4.6 所示。该食品车为大型食品车，按规定不能保障小型飞机。此次事故中，在紧急情况下如果使用大食品车保障小飞机，食品车不能靠近飞机，要将车停在停车位由航机员将航班所需物品送上飞机。事发时，飞机维护人员未在左翼尖对应地面摆放锥筒，没有为司机设立提醒和警示标志也是造成此次事故的一个间接原因。

图 4.6　配餐车刮蹭飞机机翼

4.2.3 目视助航设施管理

目视助航设施是确保飞机在机场正常起降的重要因素，机场应当确保目视助航设施始终处于适用状态，并提供与实际天气情况相适应的目视助航设施服务。

1. 目视助航设施

目视助航设施主要分为两大类：一类是引导标志、标记牌，包括跑道标志、滑行道中线和边线标志、滑行引导标记牌、跑道等待位置标志和标记牌；另一类是助航灯光，包括跑道灯光、滑行道中线灯（或中线反光标志物）、滑行道边线灯（或边线反光标志物）。这些设施和设备共同构成了飞机在机场起降的目视辅助系统，对起飞和降落过程，尤其是低能见度条件下的起降，起着重要的辅助作用。

各类标志物、标志线应当清晰有效，颜色正确；助航灯光系统和可供夜间使用的引导标记牌的光强、颜色、有效完好率、失效时间，应当符合民航规章标准的要求。为了避免因滑行引导灯光、标志物、标志线、标记牌等指示不清、设置位置不当而产生混淆或错误指引，造成航空器误滑或者人员、车辆误入跑道、滑行道的事件，机场应当定期对机场目视助航设施进行评估，对新开航机场或在机场启用新的跑道、滑行道和机坪之前也要进行评估。

机场应当定期对助航灯光系统的各类灯具进行检测，保证各类灯具的光强、颜色持续符合民航相关技术标准规定的要求。

2. 标志线维护

机场飞行区的标志线需要经常性地刷新或补漆。对道面标志漆的要求是耐磨、抗老化、与道面黏结牢固，可采用冷涂道路标线漆。道路标线漆按其化学成分分为丙烯酸漆、油基橡胶漆、油树脂基漆、乳化漆等。如果是仅供白天使用的机场，油漆不要求有反光；当供夜间使用时，可在涂刷标志线时加少量玻璃微珠来改善其反光效果。

喷涂的道面标志线，要求与道面黏结性好、耐老化能力强、与道面反差大，湿膜厚度要达到规定的要求，涂刷均匀不能有虚边和起泡现象，尺寸误差不能超过一定的范围。标志线喷涂可采用画线机和画线车。刚划过的标志线要注意保护，待标志线表面干燥后，再开放交通。

4.2.4 机场净空和电磁环境保护

机场净空保护主要是对机场周边影响飞行安全的障碍物进行高度控制。广义地讲，就是要创造一个适航、安全的近空空域。在这一空域中，不仅没有超高的固定障碍物，也没有诸如电磁环境干扰、漂浮物、烟雾、粉尘、灯光、鸟类、施工机械、车辆等影响飞行安全的事物。

目前，我国的许多城市依据国家法律法规的要求都制定颁布了当地民用机场净空及电磁环境保护法规。在机场的净空保护工作中，机场方面应与当地政府城市规划行政主管部门积极协调和配合，根据相关行业技术标准的要求，制作机场障碍物限制图。按照相关法律、法规、规章和标准，制定、发布机场净空保护的具体管理规定，建立政府部门与机场的定期协调机制，规定机场净空保护区域内新建、改扩建建筑物或构筑物的审批程序以及新增障碍物的处置程序，保持原有障碍物标识清晰有效的管理办法等。

1. 机场净空障碍物管理

在机场净空保护区域内，机场进行净空障碍物管理时，主要应避免下列情形的出现：

（1）修建在空中排放大量烟雾、粉尘的建筑物或设施。

（2）修建靶场、爆炸物仓库等建筑物或设施。

（3）设置影响机场目视助航设施使用或机组人员视线的灯光、标志或物体。

（4）种植影响飞行安全或者影响机场助航设施使用的植物。

（5）放飞影响飞行安全的鸟类、无人驾驶自由气球、系留气球和其他升空物体。

（6）焚烧产生大量烟雾的农作物秸秆、垃圾等物质，或燃放烟花、焰火。

（7）设置易吸引鸟类及其他动物的露天垃圾场、屠宰场、养殖场等。

机场应严格根据技术标准，对保护区内的障碍物进行控制。精密进近跑道的无障碍区域内，除轻型、易折的助航设施设备外不得存在其他固定物体。当跑道用于航空器进近时，移动物体不得高出限制面。

在机场障碍物限制面范围以内或以外地区的障碍物，都应当进行标志和照明，并进行适当的管理。高出进近面、过渡面、锥形面和内水平面的现有物体即视为障碍物，如果影响飞行安全或航空器正常运行，应当予以拆除。对于不高出进近面、但对目视或非目视助航设施的性能可能产生不良影响的物体，应当设法消除该物体对这些设施的影响。任何建筑物、构筑物经空中交通管理部门研究认为对航空器活动地区、内水平面或锥形面范围内的航空器的运行有危害时，应当被视为障碍物，并应当尽可能地予以拆除。

2. 电磁环境管理

机场电磁环境保护区域包括设置在机场总体规划区域内的民用航空无线电台站电磁环境保护区和机场飞行区电磁环境保护区域。机场电磁环境保护区域由民航地区管理局配合民用机场所在地的地方无线电管理机构按照国家有关规定或者标准共同划定、调整。

民用航空无线电台站电磁环境保护区域，是指按照国家有关规定、标准或者技术规范划定的地域和空间范围。机场飞行区电磁环境保护区域，是指影响民用航空器运行安全的机场电磁环境区域，即民用机场管制地带内的空间范围。在机场飞行区电磁环境保护区域内设置工业、科技、医疗设施，修建电气化铁路、高压输电线路等设施，不能干扰机场飞行区电磁环境。

机场应当及时将最新的机场电磁环境保护区域报当地政府有关部门备案，建立机场电磁环境保护区巡检制度，并重点对下列可能影响航空电磁环境的行为进行重点监控并采取相应措施：

（1）修建可能影响航空电磁环境的高压输电线、架空金属线、铁路、公路、无线电发射设备试验发射场。

（2）存放金属堆积物。

（3）种植高大植物。

（4）掘土、采砂、采石等改变地形地貌的活动。

（5）修建其他可能影响民用机场电磁环境的建筑物或者设施以及进行可能影响航空电磁环境的活动。

4.2.5 机场鸟类及其他动物防范

1. 机场鸟害问题

机场动物危害防范，主要是指对可能危及航空器及其飞行安全的动物进行控制。其中最主要的是鸟击防范，此外还包括对各种野生和家饲动物的控制。

飞机的各种部位都可能遭受鸟击，比较常见的部位是发动机、机翼、挡风玻璃、起落架、雷达罩等。其中，最严重的情况是鸟击对飞机发动机的破坏。飞鸟一旦被吸入发动机，就可能造成发动机气流变形，阻塞、打坏发动机机轮片等致命破坏而引发重大事故。除了直接对飞机造成破坏外，大型群鸟在机场的活动还可能造成飞机复飞、中断起飞、航班延误、跑道关闭等，严重影响机场的正常运行。鸟击造成的航空器损坏如图4.7 所示。

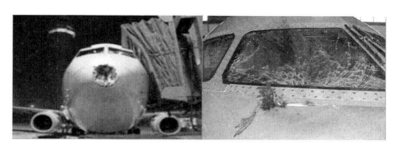

图 4.7　鸟击造成的飞机雷达罩和驾驶舱玻璃损坏

根据统计，鸟击事故中 90% 以上发生在 700 米以下，75% 发生在机场附近的 300 米以下，这与鸟类喜欢低空活动、饮水觅食有直接关系。春、秋两季为鸟击事故高发期，这与候鸟迁徙、雏鸟学飞和成鸟换羽等有关。从事故发生时间看，白天最多，夜间次之，而晨昏较少。

2. 机场鸟害防范管理

鸟害防范，就是要进行环境整治，消除适鸟条件，同时对侵入机场的鸟类进行驱赶。机场应当采取综合措施，防止鸟类和其他动物对航空器运行安全产生危害，最大限度地避免鸟类和其他动物撞击航空器。

机场一般均配备有专门的驱鸟设备进行驱鸟活动，如驱鸟车、驱鸟灯、驱鸟炮等。机场还会根据所处地域和环境制定自身的鸟害防范方案，对机场生态环境、鸟情巡视、驱鸟设备的配备和使用、重点防治鸟种、鸟情信息的收集分析和通报等制定相应的措施。

驱鸟工作的手段和方法主要有惊吓、设置障碍物、诱杀或捕捉等。通常情况下，两种以上方法组合使用将会收到更好的效果；实行全天连续性巡逻驱赶也是非常有效的手段。

3. 其他动物防范管理

除鸟类外，机场飞行区还可能出现其他动物。例如，啮齿类动物，如鼠、兔等，一方面可能招引鹰等猛禽，另一方面这些动物有打洞的习性，对飞行区土质区及其排水造成危害，鼠类甚至可能咬断助航灯光等的线缆造成事故。狗、羊等动物如果进了飞行区，甚至上了跑道，也会对航空器造成威胁。对于这些动物的防范，主要是加强对围界的管理，不要使围界出现缺口，或围界护栏间隙过大。另外，非雨季排水管涵没有水时，也可能成为动物进入飞行区的通道，应采取加护栏、篦子等方式予以防范。

4.2.6 除冰雪管理

1. 常用除冰雪方式

机场常用的除冰雪方法包括机械法、热力法和化学法。

机械法就是采用推雪车、抛雪车、吹雪车和扫雪车等除雪车辆配合工作，清除道面上的积雪。推雪车通过各种形式的推雪板将道面上的雪推向道面的一侧（集雪作用），从而在道面上开出道路（开路作用）。抛雪车、吹雪车一般跟在推雪车后作业，作用是将推雪车堆积的雪堆抛洒到开阔地带。小雪堤可采用吹雪车，大雪堤采用抛雪车，提高清除效率。扫雪车的作用是清扫推雪车、抛雪车作业后遗留的少量冰雪残余物。推雪车作业现场如图4.8所示。

图4.8　机场推雪车工作现场

热力除雪法就是利用除雪设备发出的热能将难以清除的冰状雪，或道面已结成的冰融化清除。例如，装备喷气发动机的吹雪车就是典型的热力除雪设备，目前在我国许多机场都有应用。它将高温高速的发动机尾喷气流对准积雪、结冰喷吹最后使之消融。热吹除雪设备对湿雪、干雪、雪浆均能适用，但除雪效率低、燃油耗量大，对道面、填缝料、标志和助航灯光等都可能造成损伤。

化学除冰，包括防止结冰和融化结冰两重含义，通常是通过将可降低水的冰点的化学物质施放在道面上实现。常见的氯化钠、尿素等除冰方法都属于化学除冰的范畴。但是，有些化学物质对机场道面、道面嵌缝料和土质区及其植物可能具有腐蚀、污染作用。为了获得更好的除冰效果，可以采用机场道面专用除冰剂。机场除冰车工作现场如图4.9所示。

图 4.9　机场除冰车工作现场

2. 机场除冰雪管理与组织

有降雪或道面结冰情况的机场，应成立机场除冰雪专门协调机构，负责对除冰雪工作进行指导和协调。还要制订除冰雪预案，并认真组织实施，最大限度地消除冰雪天气对机场正常运行的影响。除冰雪预案应遵循跑道、滑行道、机坪、车辆服务通道能够同步开放使用的原则，避免因局部原因而影响机场的开放使用。

机场应根据本场气候条件并参照过去 5 年的冰雪情况配备除冰雪设备。如，年旅客吞吐量 500 万人次以上的机场，除冰雪设备配备应能够达到编队除雪，具备边下雪边清除跑道积雪的能力，保证机场持续开放运行。

机场在除冰雪作业过程中，应注意保护跑道、滑行道边灯及其他助航设备。目视助航设施上的积雪以及所有影响导航设备电磁信号的冰雪，应及时清除。

位于经常降雪或降雪量较大地区的机场，应事先确定冰雪堆放场地。在机坪上堆放冰雪，不得影响航空器、服务车辆的运行，并不得被航空器气流吹起。雪停后，应及时将机坪上的冰雪全部清除。当机场某一区域除冰雪完毕后，机场应对该区域进行检查，符合条件后，应及时将开放的区域报告空中交通管理部门。

承担航空器除冰作业的机场应会同航空运输企业、空中交通管理部门结合本机场的实际情况，制订航空器除冰预案，配备必要的除冰车辆、设备和物资，并认真组织演练，最大限度地消除天气对航空器正常运行的影响。位于经常降雪或降雪量较大地区、年旅客吞吐量 200 万人次以上的机场，应设置航空器集中除冰坪。

4.2.7　不停航施工管理

不停航施工是指在机场不关闭或部分时段关闭并按照航班计划接收和放行航空器的情况下，在飞行区内实施的工程施工。不停航施工不包括在飞行区内进行的日常维护工作。机场应制订不停航施工管理规定，进行监督管理，最大限度地减少不停航施工对机场正常运行的影响，避免危及机场运行安全。机场不停航施工工程主要包括：飞行区土质地带大面积处理工程；围界、飞行区排水设施改造工程；跑道、滑行道、机坪的改扩建工程；助航灯光及电缆的扩建或更新改造工程等。

机场一般负责航站区、停车楼等区域施工的统一协调和管理。对于上述施工，机场应与其他相关单位和部门共同编制施工组织管理方案，对可能影响安全的不停航施工情况采取必要的措施，并尽可能降低对运行的影响。

不停航施工必须取得民航主管部门的批准，施工期间的运行安全由机场负责保障。实施不停航施工的单位，应服从机场的统一协调和管理。机场对不停航施工的管理主要包括以下内容：

（1）对施工图设计等有关不停航施工的安全措施进行审查。

（2）与建设单位签订安全责任书。

（3）建立由各相关单位和部门代表组成的协调工作制度。

（4）定期召开施工安全协调会议，协调施工活动。

（5）对施工单位的人员培训情况进行抽查。

（6）对施工单位遵守机场所制定的人员和车辆进出飞行区的管理规定以及车辆灯光、标识颜色是否符合标准的情况进行检查。

（7）经常对施工现场进行检查，及时消除安全隐患。

【案例】

2010 年 7 月，某机场不停航施工期间，行车路线发生变更，但驾驶员未参加实地行车路线勘察，对飞行区运行环境缺乏了解，仍按施工前路线驾驶车辆行驶，误入跑道，结果造成正在使用跑道的一架飞机低于决断高度复飞，险些造成严重后果。这一案例说明，在机场不停航施工期间安全管理的重要性，不停航施工信息的传达、航空器活动区机动车辆行车证件管理等方面对不停航施工期间的运行安全都至关重要。

4.2.8 应急救援管理

机场应急救援管理是机场安全管理中的重要部分，机场应急救援保障是机场日常安全运行的有效保障。科学有效的应急救援管理将为成功的应急救援处置提供有力保障。

应急救援管理主要包括以下五个方面：第一，要确保机场应急救援预案完善、有效、符合实际，能满足救援的实际需求。第二，要加强应急救援培训、训练和演练工作，确保应急救援指挥和处置人员熟悉应急救援预案，以便在救援时能快速启动预案、迅速按照预案要求开展救援行动。第三，要按要求配备应急救援设备，加强应急救援设备保养和维护，以便应急救援设备有效。第四，要完善应急救援专职或兼职队伍建设，确保应急救援管理人员的专业化。第五，要确保应急救援日常管理工作按计划、按要求开展，需加强应急救援日常监管工作。

1. 应急救援预案管理

机场应当按照国家、地方人民政府的有关规定和民航管理部门的法规要求，制定机场应急救援预案。该预案应当征得地方人民政府的同意，并经民航管理部门批准后实施。该预案内容应该符合相关法规要求，并及时更新，确保预案有效。该预案应当纳入地方人民政府突发事件应急救援预案体系，并协调统一。

2. 应急救援培训、训练和演练管理

机场各应急救援单位应加强应急救援培训管理，确保参加应急救援各单位的值班领导、部门领导及员工熟知本单位、本部门及本岗位在应急救援工作中的职责和预案，从而确保在应急救援处置中，救援人员能按要求、按规范开展应急救援，提高应急救援的有效性和及时性。参加应急救援的各单位应当每年至少对按照机场应急救援预案承担救援工作职责的相关岗位的工作人员进行一次培训，对于专职应急救援管理人员、指挥人员、消防战斗员、医疗救护人员应当进行经常性的培训，培训内容包括应急救援基础理论、法规规章、技术标准、岗位职责、突发事件应急救援预案、医疗急救常识、消防知识、旅客疏散引导及其他相关技能。在机场航站楼工作的所有人员应当每年至少接受一次消防器材使用、人员疏散引导、熟悉建筑物布局等方面的培训。

机场各应急救援单位应加强应急救援训练管理，确保应急救援人员在训练中熟悉应急救援理论基础知识、技能和实际操作，并增强身体素质。

机场各应急救援单位应加强演练管理，按法规要求定期开展应急救援演练，并有效开展演练督导、总结讲评和整改工作，确保应急救援预案得到有效检验。

3. 应急救援设备设施管理

机场各应急救援单位应按照相关法规和实际需求配备数量充足的应急救援设备设施，并加强设备设施的保养、维护，确保应急救援设备在机场运行期间始终处于适用状态和有效状态。

4. 应急救援人员管理

机场各应急救援单位应按照法规和实际要求配备应急救援专职或兼职人员，确保应急救援各项日常管理工作得到有效开展，同时确保在发生应急救援突发事件时，有数量充足、专业有效的人员处置应急救援。

5. 应急救援日常监管

机场各应急救援单位应加强应急救援日常监管，建立日常监管制度，确保上述提及的应急救援预案、培训、训练、演练、设备和人员等各项应急救援管理按计划和要求开展。

4.3 机场典型事件应急处置

根据以往的事故统计分析可知，多数的航空器事故都发生在飞机起飞和初始爬升以

及进近和最后着陆两个阶段，在这两个阶段发生事故的数量占到了全世界航空事故总数的60%，有的国家在特定时期甚至高达80%。这些事故大多发生在机场或者机场周边，因此，机场应急救援的一个主要任务就是要在机场及其周边发生航空器突发事件时，能及时有效地组织实施应急救援，协助事故调查部门开展事故调查工作，并组织残损航空器搬移。本章重点介绍以下几个方面的应急处置过程。

4.3.1 航空器事故应急救援处置

当飞机在机场或其周边发生坠落时，绝大多数情况下都会发生起火燃烧。对于机场应急救援而言，首要的一点就是要控制火势，为乘客逃生创造条件和争取宝贵的时间。因此，一般情况下要求消防车辆在3分钟之内到达事故现场并立即开展救援处置。

如果整个航空器出现燃烧情况，首先要压制机身外部火焰，同时采用泡沫或其他阻断介质覆盖冷却机身，降低高温对乘客的影响，为机身内部人员的生存提供条件。可以重点考虑扑灭油箱、发动机和起落架等部位的火。

如果飞机油箱出现破裂，大量燃油会洒落到地面燃烧，应特别注意将火焰与机身分隔开，避免出现爆炸等更为严重的后果，可以采取分段灭火等方式，逐步覆盖整个火灾区域，消灭燃油着火。如果航空器与洒落地面的燃油同时着火时，应首先扑灭机身上的火焰，冷却机身，再向机身下部和周围地面喷射泡沫，将地面火焰与机身隔开，控制燃油火使其不向机身蔓延，为展开救援工作创造条件，最后消灭地面燃油火。

飞机坠落时，机身结构可能变形，使舱门、紧急出口等无法开启。机场消防人员应尽一切可能，以最快的速度、最有效的方法，救出机身内部所有人员。首先，要消灭机身内部火焰，排烟降温，对内部人员施加保护。如采用打碎火焰附近的机身舷窗，采用多点进攻的方法，消灭机身内部火焰，然后用雾状水排烟，降低舱内温度，对机身内人员施加水雾保护。其次，在条件许可的情况下，消防人员应迅速打开飞机舱门和应急出口，深入机身内部，对伤残者实施救援。第三，如果飞机尾部毁坏折断，消防人员可通过尾部增压舱隔墙入孔，从尾部进入机身内部实施救援。最后，在舱门、紧急出口无法开启的情况下，消防人员应用斧头、撬棒、机动破拆工具等实施破拆救援。破拆位置应选择在舱内座位水平线以上、行李架以下的舷窗之间，或在机舱顶部中心线两侧。在飞机上一般有用红色或黄色标记明确的破拆位置点。

4.3.2 飞机迫降跑道喷施泡沫处置

当航空器存在起落架故障的时候，如果强行着陆，很有可能会导致航空器结构损坏或发生着火，但为了保证旅客的生命安全，又不得不采取迫降的方式降落，这就要求机场要在第一时间做好相应的防护措施。

航空器迫降一般采取草地迫降、跑道迫降或者先跑道后滑向草地。从保护航空器结构来看，航空器在跑道迫降时，机身和跑道的摩擦系数要远远小于在草地上迫降时的系数，同时，由于草地碾压不良容易造成航空器翻滚等事件，因此目前各国一般都采取在跑道上迫降的做法，要尽量避免在草地迫降。在航空器迫降过程中，跑道喷施泡沫的方法能够有效地降低航空器发生火灾或者造成结构损伤的概率，是国际通行的飞机迫降应急救援防护措施之一。

具体而言，跑道喷施泡沫有以下几个方面的好处：一是可以减少机身和跑道摩擦引起的火花，从而减少火灾发生的危险；二是可以降低航空器的结构损伤；三是可以降低机身和道面的摩擦系数，减少泄漏燃油起火的危险。

国际民航组织的推荐措施中规定，由于常见泡沫排放时间的长短不同，在跑道上喷施泡沫时只能使用蛋白质泡沫。同时，机场在喷施泡沫后，必须保证车辆和泡沫储备量能够达到机场运行消防等级的要求。从理论上看，泡沫厚度越高，对于减少航空器起火越有利，但是由于泡沫有可能受到当时气温和风的影响，所以厚度不可能太厚，国际民航组织推荐的泡沫厚度为 35~50mm。

为了保证机场能够有效迅速地完成跑道喷施泡沫工作，一般释放泡沫宽度的原则是，对于 4 发喷气式飞机，泡沫宽度大于内侧发动机宽度；对于螺旋桨飞机，应该大于外侧发动机宽度。泡沫的长度根据起落架失效的位置和飞机的构型不同而有所区别。

起落架处于收起状态的航空器迫降时，由于机身和道面之间的地效作用，航空器机身接地点同正常接地点不同，根据故障起落架位置和航空器构型不同，接地点要在正常接地点的后部。

在实施航空器紧急着陆应急救援工作时，应当控制好喷施泡沫的时间。在喷施泡沫以后，应当给所喷施的泡沫一段老化时间，一般为 15 分钟，使泡沫中的水分能够充分浸湿道面，为随后实施迫降的航空器提供保护。

4.3.3 残损航空器搬移处置

残损航空器搬移是航空器紧急事件在完成应急救援和必要的现场调查之后，为尽快恢复机场运行秩序，保证民航运输生产的顺利而进行的事故恢复的重要内容之一。按照一般灾害学理论，航空器搬移和修复必要的助航设备、设施是机场应急救援管理的最后一个程序。随着航空运输业务量的不断增大和更大型航空器的投入使用，残损航空器的搬移已成为应急救援后续工作中一个越来越突出的问题。

航空器在机场运行过程中可能发生多种紧急事件，从一般性事件，如轮胎爆破或航空器冲出跑道或滑行道，到较大的事故，包括航空器部分或全部解体，这些事件严重影响机场的正常运行。目前，处理这类事件所需要的设备和组织并不是很广泛。近年来，航空器的体积和质量逐渐增大，更增加了这项工作的难度，搬移一架大型航空器所需要的时间更长。残损航空器搬移涉及各种机型以及航空器在各种损坏情况下搬移的实施、搬移设备设施的使用等，是一件技术性很强的工作，处置不当可能对航空器造成二次损伤以及严重影响机场的正常运行。

我国各民用机场的航空器恢复设备配备按照民航机场特种车辆、专用设备配备标准配置，涉及航空器事故恢复的设备按照飞行区技术等级和旅客吞吐量两个参数衡量。用于搬移残损航空器的设备一般分为特有设备，如换轮胎设备、千斤顶垫和拖把；专用车辆和其他特殊的搬移设备，如气动起重袋、压缩袋、便携式电源设备及一般起重和卷扬设备；重型设备和通路设备，如重型吊车、运输车和修路设备。

残损航空器搬移属于应急救援的后续处置工作，按照国际民用航空公约以及我国民航局的相关要求，残损航空器搬移由航空公司负责。为保证残损航空器搬移工作得到有效处置，各机场、航空公司都要制订残损航空器搬移计划，并且两者必须进行有机的衔接，明确在残损航空器搬移中机场和航空公司的责任和义务。在航空公司不具备相应搬移能力的情况下，机场要承担搬移航空器的服务。机场应当适时组织残损航空器搬移的模拟演练，并邀请相关航空公司参加，进行相关设备操作和搬移程序的培训，确保残损航空器搬移预案的落实。

由于航空器搬移具有复杂性和责任性，航空器搬移工作的实施首先要考虑所有工作人员的安全，同时要保证航空器不受到再次损坏并将跑道关闭时间减到最少。为减少总搬移时间，一些工作可以同时进行。在搬移过程中应注意做好以下方面工作：

（1）移去货物及放油

搬移前，应当使航空器的总重量尽可能减到最小，例如移去航油、货物等。检查机上是否有危险品，如果有，要采取安全措施或在必要时搬移这些物品。在搬移航空器之前，采用符合消防安全的方法——放干航空器油箱，并记录油箱排放量和油箱识别标志，同时消防车应在现场进行警戒。

（2）切断电源以及关闭氧气瓶

为防止起火，保证现场安全，应切断电源并关闭氧气瓶，保持航空器的内部通风。

（3）拍照和录像

在搬移过程中，应当拍照并录像。此过程应当注重从不同方向观察航空器的全景，已损坏的或分离的部分也应拍照，驾驶舱内的开关和控制键状态也要拍照记录。

（4）顶升和栓系

在航空器的顶升及搬移过程中，应当确保航空器栓系牢固。航空器顶升过程中，应注意顶升部位和航空器重心位置的可靠与准确。航空器移动中，仅靠机体与搬移设备之间的摩擦力固定是不安全的，应当在机体的主要部位与牵引设备之间建立稳固的固定，保证搬移的顺利进行。

（5）搬移

在搬移过程中，应保持与空中交通管制部门的通讯联系，注意行驶中的安全。要采取措施保证航空器在滑行过程中得到较好的控制。对于较大的航空器，可以采用后面牵引重型车辆的办法，帮助控制。受损航空器的搬移作业现场如图 4.10 所示。

图 4.10　受损航空器搬移作业现场

参考文献

［1］王维．机场场道维护管理［M］．北京：中国民航出版社，2008

［2］王云岭．机场目视助航设施管理［M］．北京：中国民航出版社，2008

［3］王维．机场净空管理［M］．北京：中国民航出版社，2008

［4］高建树．机场道面除冰雪管理［M］．北京：中国民航出版社，2008

［5］李敬．机场野生动物管理［M］．北京：中国民航出版社，2008

［6］杨太东．机场运行指挥［M］．北京：中国民航出版社，2008

［7］赵玉明．机场应急救援［M］．北京：中国民航出版社，2008

第5章　空中交通服务安全管理与应急处置

5.1 概述

5.1.1 民航空中交通管理简介

1. 民航空中交通管理的构成及其任务

民航空中交通管理是空中交通服务（Air Traffic Service，ATS）、空中交通流量管理（Air Traffic Flow Management，ATFM）和空域管理（Airspace Management，ASM）的总称，是国家实施空域管理，保障飞行安全，实现航空高效运输的有序运行，乃至捍卫国家空域权益的核心系统。图5.1为空中交通管理的组成结构图。

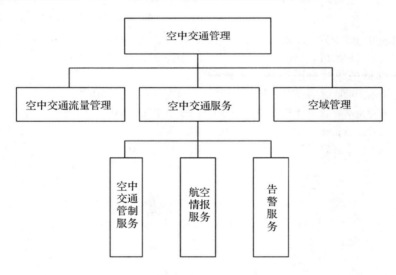

图 5.1　空中交通管理的组成结构

中国民用航空局在相应规章中对这三个部分的基本任务做了明确的规定：

（1）空中交通服务（包括空中交通管制服务、航空情报服务和告警服务）的任务是防止航空器与航空器相撞及在机动区内航空器与障碍物相撞，维护和加快空中交通的有序流动；通过提供及时、准确、完整的民用航空活动所需的航空情报来保障空中航行的安全、正常和效率。此外，当航空器出现紧急情况时，向有关组织发出需要搜寻援救航空器的通知，并根据需要协助该组织或协调该项工作的进行。

（2）空中交通流量管理的任务是在空中交通流量接近或达到空中交通管制可用能力时，适时地进行调整，保证空中交通流量最佳地流入或通过相应区域，尽可能提高机场、空域可用容量的利用率。

（3）空域管理的任务是依据既定空域结构条件，实现对空域的充分利用，尽可能满足经营人对空域的需求。

由上可见，空中交通服务的着眼点是对现有的民航飞行活动予以引导和管理，流量管理则是保障空中交通的通畅和高效率，而空域管理的管理重点是如何有效利用空域。虽然空中交通管理的三个部分管理范畴不同，但无论是哪一部分，它的功能都是确保飞行活动，乃至整个航空系统安全和高效地运行。

2. 空中交通管制体制和运行组织结构

就全国来说，空中交通管理实行"统一管制、分别指挥"的体制，即在国务院、中央军委空中交通管制委员会的领导下，由空军负责实施全国的飞行管制，军用飞机由空军和海军航空兵实施指挥，民用飞行和外航飞行由民航实施指挥。就民航内部来说，空管系统实行"分级管理"的体制，即中国民用航空局空中交通管理局（以下简称民航局空管局）、地区空管局、空管分局（站）三级管理，图 5.2 为我国民航空管系统组织结构图。民航局空管局领导管理民航七大地区空管局及其下属的民航各空管单位，驻省会城市（直辖市）民航空管单位简称空中交通管理分局，其余民航空管单位均简称为空中交通管理站。民航局空管局是民航局管理全国空中交通服务，民用航空通信、导航、监视、航空气象、航行情报的职能机构。民航各级管制部门按照民航管制区域的划分，对在本区域内飞行的航空器实施管制。

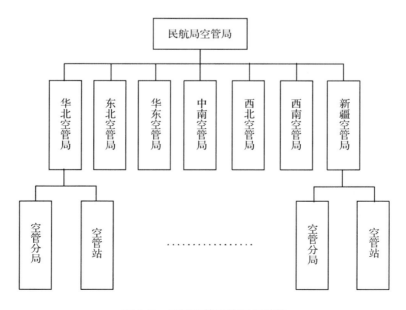

图 5.2 民航空管系统组织结构

5.1.2 民航空中交通管理的发展

民航空中交通管理是随着飞机活动的不断增加、飞机性能的不断改进和飞行管理水平的不断提高而产生和发展的。在 20 世纪 30 年代以前，当时飞机的飞行距离最多只有几百公里。而且只能在白天天气好的情况下飞行，因此只需按照目视的原则制定目视飞行规则。在飞行密度大且繁忙的机场，由一个管理人员进行管理，以确保空中交通的安全有序运行。当时的管制员只是用红旗和绿旗来控制飞机的起飞和降落，但由于这种方式受天气和黑夜的影响，所以很快就由信号灯取代了旗子，处于机场最高位置的塔台也随后建立起来。

1934 年至 1945 年间，由于更加频繁的飞行活动，目视飞行规则已经难以满足需要。因此，各航空发达国家纷纷成立了空中交通主管机构，制定了使用仪表进行安全飞行的规则，并建立起全国规模的航路网和相应的航站、塔台、管制中心或航路交通管制中心。这些管制中心的任务就是接收各航站发来的飞行计划，再根据驾驶员的位置报告将其填写在飞行进程单上，然后确定飞机间的相互位置关系，发布指令，实施管理，这种管制方法通常称为程序管制。

1945 年至 20 世纪 80 年代，二次世界大战带来了航空技术的飞跃性进步，开始把战时发展起来的雷达技术应用于空中交通管制领域，随后出现了二次雷达系统，可以在管制员屏幕上显示出飞机的位置、呼号、高度、速度等参数，再加上陆空通话系统的发展，促使重要地区用雷达管制取代了传统的程序管制。

20 世纪 80 年代后期至今，随着科学技术的不断发展和计算机、卫星系统在民航中的广泛应用，空中交通管理进入了具有更大范围、更深层次、着眼于整个航线网管理的阶段，而空中交通管制则成为其中的一个重要组成部分。在不久的将来，新航行系统将使民航空中交通管理进入新的发展阶段。所谓新航行系统是由通信、导航、监视和空中交通管理四个部分组成，其中通信、导航、监视系统是基础设施，空中交通管理是管理体制、配套设施及其引用软件的组合。新航行系统在航空中的应用将为航空运输的安全性、有效性和灵活性带来巨大的变革，随之安全管理重点以及方法和手段也会发生变化。

5.1.3 民航空中交通服务

空中交通服务是指对航空器的空中活动进行管理和控制的业务。它包括空中交通管制服务（Air Traffic Control ，ATC）、航空情报服务（Aeronautical Information Service，AIS）和告警服务（Alerting Service，AS）三部分。

1. 民航空中交通管制服务

航空器在空中必须严格遵守飞行规则，服从空中交通管制员的指挥，在指定的航线和高度上飞行，否则就难以保证飞行安全。而空中交通管制员及其所属单位的人员通过提供管制服务来保障空中交通的安全、有序和高效。空中交通管制服务按管制范围分为机场管制服务、进近管制服务和区域管制服务。

　　机场管制服务是指向机场交通提供的空中交通管制服务，由机场管制塔台提供。图5.3 为塔台工作场景。

图 5.3　塔台工作场景

　　进近管制服务是指向进近管制区内的进场或离场飞行提供的空中交通管制服务。这种服务由进近管制室或终端控制中心提供。

　　区域管制服务是指向在航线上飞行的航空器提供的空中交通管制服务，每个区域管制中心负责一定区域上空的航路、航线网的空中交通管理。区域管制服务又包含高空区域管制和中低空区域管制服务。

　　管制单位在提供空中交通管制服务时，应当：

　　（1）获取所有航空器飞行计划和变化的情况，以及航空器飞行动态信息。

　　（2）确定航空器彼此之间的相对位置。

　　（3）发布空中交通管制指令，提供相关航行情报，防止管制的航空器相撞，维持空中交通秩序，加速空中交通流量。

　　（4）当航空器可能与其他管制单位管制下的航空器发生冲突时，或者在将航空器移交给其他管制单位之前，应当与其他管制单位进行必要的通报协调。

　　2. 航空情报服务

　　航空情报服务是向飞行中的航空器提供有益于安全且能有效地实施飞行的建议和情报的服务。主要包括提供、收集、整理、审核、编辑各种民用航空情报原始资料和数据，为飞行员、管制员和与航行有关的系统和单位设计、制作、发布和提供准确的飞行前、飞行中所需要的各类航空情报产品等活动，从而保障空中航行的安全、正常和高效。这部分工作主要由航行情报中心负责。

　　目前我国一体化的航空情报系列资料由下列内容组成：

　　（1）航空资料汇编，航空资料汇编修订，航空资料汇编补充资料。

（2）航行通告及飞行前资料公告。

（3）航空资料通报。

（4）有效的航行通告校核单和明语摘要。

需要说明的是，航空情报的收集不仅仅是航空情报机构的职责，空域规划和空中交通管制部门、航务管理部门、通信导航监视部门、机场管理机构、机场油料供应部门、气象服务机构等必须主动提供相关原始资料。

航空气象服务（Air Weather Service，AWS）是航空情报服务的重要组成部分。航空气象服务的基本任务是探测、收集、分析和处理气象资料，制作和发布航空气象产品，向航空公司、空中交通服务部门、机场运行管理部门、搜寻和救援部门、航行情报服务部门及时、准确地提供民用航空所需要的气象情报和气象服务，以实现减少直至避免因复杂天气造成的飞行事故，为保证飞行安全、正常和高效作出贡献。航空气象服务的主要活动和产品有航空气象探测、航空天气预报、重要气象情报、低空气象情报、机场警报、风切变警报等。图 5.4 为多普勒气象雷达。

3. 告警服务

告警服务的任务是向有关组织发出需要搜寻援救航空器的通知，并根据需要协助该组织或者协调该项工作的进行。各级空中交通管制单位对其管制下的一切航空器都有提供告警服务的责任，对非管制飞行的航空器也应尽力提供这种服务，包括向有关方面发出需要搜寻援救航空器的通知，并根据需要协助或协调搜救工作的进行，以便使遇到紧急情况的航空器能够得到及时搜救。

图 5.4　多普勒气象雷达

关于搜寻救援工作，国际民航公约附件 12 制定了国际标准和建议措施。附件规定当在飞行中遇到严重威胁航空器安全和航空器上人员生命安全的情况时，机长应立即发出规定的遇险信号，同时打开识别器的遇险信号开关。装有应答机的航空器，应将其位置设定为 A7700。情况许可时，还应当用搜寻救援频率 121.5 MHz 或 243 MHz 报告航空器位置、遇险性质和所需要的救援。海上飞行时，可以用 500 MHz 或 218 MHz 发出遇险信号。

为了能向遇到紧急情况的民用航空器及时提供告警服务，各级空中交通管制单位必须做好预先准备工作：

（1）备有和熟悉本地区搜寻援救民用航空器的方案。

（2）了解和熟悉担任搜寻援救的单位及其可以提供的服务和方法。

（3）准备针对不同紧急情况的告警预案和必要的资料。

（4）地区管理局空中交通管制部门的调度室还应当同与本地区有关的省、自治区或直辖市的海上搜寻援救组织建立直接的通信联络。

5.2 民航空中交通服务的安全管理

5.2.1 涉及空中交通服务的重大安全风险事件

就民航空中交通服务整个运行系统而言，无论是空中交通管制服务，还是航空情报服务或者告警服务，虽然各部分的任务有所不同，但它们共有的功能都是保证飞行安全。尽管由空中交通服务引起的航空事故相对较少，但其结果都是灾难性的。涉及空中交通管制并对航空器及飞行安全构成的重大威胁，可大致分为以下几个方面。

1. 小于最小飞行间隔

航空器的飞行间隔是为了防止航空器相互危险进近和相撞而规定的最小安全距离，通过一整套国际通用的航空器间隔标准来规定。由于各种航空器的航向、速度、高度均不同，因此必须保证航空器之间在纵向、侧向和垂直方向隔开足够的距离，这也是空中交通管制人员的基本任务。否则会造成飞行冲突乃至航空器相撞的悲剧。

2001 年 1 月 31 日，两架隶属日本航空的班机 907 号和 958 号在静冈县烧津市骏河湾上空出现空中接近的危险情况。两机在最后一刻做出回避动作，避免了相撞，但事故造成 907 号班机 100 人受伤，958 号班机则无人伤亡。调查后确定，事件是由航空交通管制人员出现人为错误引起的。

2. 低于最低安全高度

安全高度是为避免航空器在飞行时与地面障碍物相撞而规定的最低高度。针对航空器属于仪表飞行还是目视飞行，在航路上飞行还是进入机场区域飞行等不同情况，均规定最低有安全高度的标准。如果航空器低于最低安全高度飞行，则有可能酿成与地面障碍物相撞的重大事故。

　　2010 年 8 月 24 日，河南航空有限公司 E190 机型 B3130 号飞机执行哈尔滨至伊春定期客运航班任务，在黑龙江省伊春市林都机场进近着陆过程中失事，机上 44 人死亡、52 人受伤。经调查，事故的直接原因是机长违反河南航空《飞行运行总手册》的有关规定，在低于公司最低运行标准（根据河南航空有关规定，机长首次执行伊春机场飞行任务时能见度最低标准为 3600 米，事发前伊春机场管制员向飞行机组通报的能见度为 2800 米）的情况下，仍然实施进近。

　　3. 非法侵入跑道

　　跑道侵入是指在机场发生的任何航空器、车辆或人员误入指定用于航空器着陆和起飞的地面保护区的情况。跑道侵入事件根据差错不同可以分为：飞行员偏差、运行失误和车辆或行人偏差三类。其中，运行失误是指由于空中交通管制的差错而导致不良后果的行为，包括两架或多架航空器之间，或者航空器和障碍物之间低于适用的最小间隔，其中障碍物包括跑道上的车辆、设备、人员。可能引起跑道侵入的交通管制因素包括：无线电通话失效、管制员因素以及其他因素。

　　2010 年 7 月 15 日，台湾桃园机场一架乌克兰籍安托诺夫货机，因弄错引导指令，塔台地面管制员也没及时发现错误，以致货机直闯正准备起飞的新航 SQ877 班机使用的跑道，所幸在紧要关头被机场管制员发现，指示货机尽快脱离跑道，客机则在距货机仅 1100 米处拉起机头，及时避免了空难发生。图 5.5 为桃园机场跑道侵入示意图。

图 5.5　桃园机场跑道侵入示意图

　　4. 地空通信失效

　　民航通信系统主要由航空固定业务和航空移动业务构成。航空固定业务是指固定地点之间的电信业务，由航空固定电信网来完成，包括话音通信和数据通信业务；而航空移动业务即低空通信业务，是指航空器电台与航空地面对空台与航空器电台之间，或者航空器与航空器电台之间的无线电通信业务，包括甚高频通信、高频通信和航空移动卫星业务。地空通信在管制引导、通报飞行动态、传递飞行情报等方面发挥作用。

　　由于我国空域资源的配置不合理，加上空管体制的特点、空管的工作性质以及其他特殊因素的影响，管制员与飞行员在通信中会出现协调不利、配合不当的情况，这在一定程度上影响了空中交通的秩序与顺畅，造成航班延误频繁，甚至引发不安全事件或事故征候的发生。管制员与飞行员的通信失误或失效，是威胁空中交通安全的主要危险源。因此，尽量减少或消除管制员与飞行员之间的沟通障碍，确保两者之间的有效通信，对于整个指挥和飞行过程中的相互支持和密切配合至关重要。

1977 年 3 月 27 日傍晚，荷兰皇家航空和美国泛美航空的两架波音 747 客机在西班牙北非外海自治属地加那利群岛的洛司罗迪欧机场的跑道上高速相撞，导致两机上多达 583 名乘客和机组人员死亡，是迄今为止死伤最惨重的空难。经调查表明，荷兰皇家航空机组"对通讯内容的错误解读"和泛美机组"错误认定塔台要求他们进入的是 C4 出口"是造成灾难的主要原因。另外，大雾天气导致视线受影响、无线电通讯系统两次屏蔽重要消息等也是导致事故发生的潜在原因。

5. 无线电干扰

无线电干扰是指无线电通信过程中发生的，导致有用信号接收质量下降、损害或者阻碍的状态及事实。无线电干扰信号主要是通过直接耦合或者间接耦合方式进入接收设备信道或者系统的电磁能量，它可以对无线电通信所需信号的接收产生影响，导致性能下降，质量恶化，信息误差或者丢失，甚至阻断通信的进行。

民用航空无线电专用频率是民航用于飞机调度和导航的通信频率，一旦受到大的干扰，飞机就不能安全飞行，就会出现事故甚至造成空难，后果不堪设想。干扰民用航空无线电专用频率的种类主要有三类：一是没有任何审批手续，私自违法设置的无线电台站；二是尽管有相关手续，但因其设置不合理而产生互调干扰的无线电台站；三是少量的高档工业医疗设备。从当前情况看，主要干扰源是违法设置使用无线电台，细分一下，又可归为两类：一类是未经许可违法使用大功率无绳电话，另一类是擅自扩大功率的广播电视发射器。目前这两类主要干扰源的基本分布特点是，大功率无绳电话的分布逐步从城市转向农村或者乡镇，而民航机场和飞行航道就在远离城市的农村，所以它们越来越多地威胁民航的飞行安全。而擅自扩大功率的广播电视发射机主要分布在城市和县城，由于其发射功率太大，容易与其他发射设备形成互调干扰，影响其他无线电接收设备的正常使用，一直是威胁民航飞行安全的干扰源。

2012 年 5 月 23 日，因湖北空域无线电干扰严重，民航局广州区管中心不得不控制航班流量，造成广州机场十余趟航班晚点。

6. 设备故障

空中交通服务设备是指与民航飞行安全密切相关的那些通讯、导航、监视及气象设备，主要有：通信设备，包括甚高频地空通信系统、高频地空通信系统、话音通信系统（即内话系统）、自动转报系统、记录仪等；导航设备，包括全向信标、测距仪、无方向信标、指点信标、仪表着陆系统等；监视设备，包括航管一次雷达、航管二次雷达、场面监视设备、精密进近雷达、自动相关监视系统、空中交通管制自动化系统等；气象设备，包括气象自动观测系统、自动气象站和风切变探测系统等沿跑道安装的气象探测设备，以及对空气象广播设备。如果设备故障，将直接导致各种空管活动不能正常进行，甚至停滞。

通过对民航空中交通服务系统的初步了解，我们不难发现，系统是由具体实施运行的人员，保障运行的设备，支持、改善运行能力和效率的技术、方法和信息，规范运行行为的规章、制度和标准操作程序，以及影响运行的各种内外部环境等几个方面构成，它们相互作用和相互影响使得运行系统和运行环境变得复杂和多变。而这也正是空中交通服务安全管理的关注领域。

5.2.2 民航空中交通服务的安全管理要点

1. 人员及其资质管理

在空中交通服务系统中，承担并具体实施运行的是各类运行人员，如空中交通管制员、航空情报人员、航空气象人员、各种设备的运行和维护人员等，并通过他们提供各类服务。这些一线运行人员的资质、能力以及是否按章操作等直接影响到运行的安全。因此，对空中交通管制、航空情报、通信导航监视、气象等专业技术人员初始准入及相应岗位人员上岗资质的管理尤为重要。

例如，我国空中交通管制员实行的是执照管理制度。中国民用航空空中交通管制员执照（以下简称执照）是空中交通管制人员执行空中交通管制任务的资格证书，未取得执照者不得单独上岗工作。管制员执照由民航局颁发。在接受养成训练和岗位训练的基础上，执照申请人通过资格审定后，参加由各地区空管局组织的执照考试（理论部分和实践部分），成绩达到相应标准后，取得相应类别执照，从事与其执照相适应的管制工作。

2. 设备及其管理

作为空中交通服务系统的重要组成部分，空管设备支持着空管生产的正常运行，保障着飞行安全。例如，如果导航设备出现问题，则可能引起导航不精确，并影响航空器之间的安全间隔。因此，确保空管设备按照运行标准正常、安全地运行一直是运行管理和安全管理的重点之一。主要体现在以下几个方面：

（1）设备的配置、设置和使用（包括设备的数量、主用设备、备用设备和应急设备的要求）等。

（2）设备的技术管理，例如技术管理制度、技术革新、技术安全措施、对技术人员的配备及要求等。

（3）设备的运行和保障，例如设备运行标准、岗位责任制和值班制度，设备运行检查和设备运行质量指标的统计和分析，设备的排故和备用设备启用等。

（4）设备的维修，例如维护规程、定期维护方案、检修、送修、大修等制度，所用的器材和零部件的储备、维护和保管等。

3. 规章制度及其管理

科学的现代企业规章制度是人类文明与经济发展的产物，成功的企业来源于卓越的管理，而卓越的管理离不开完善的制度和严格的执行。同样，民航空中交通管理行业既要制定严密的规章制度，又要严格地执行规章制度。指导运行活动和行为的规章制度，包括法律法规、规章、手册、检查单、出版物、标准操作程序（SOP）等等，都是运行管理和安全管理的基础。无论采用什么样的管理方法和手段，管理目的和重点至少包括以下几个方面：

（1）确保制定的文件的内容是准确的、可用的。

（2）确保不同文件中的相关内容是不矛盾的，或一致的。

（3）确保使用文件的人能及时得到最新有效的文件，不会用错文件。

（4）确保文件能得到严格执行或遵守等。

4. 内外部环境及其管理

空管系统的运行依存于系统内外部环境。内部和外部环境及其变化，直接影响着生产运行的正常、稳定和运行一线人员的行为能力和运行安全。

内部环境是组织内部的各种影响因素的总和。内部环境影响包括工作环境在内的诸如温度、光线、噪声、振动和空气质量等因素。以空中交通管制为例，如果有室内光线对荧屏的反射，则造成管制员的工作困难；或者塔台窗户造成的内部光线反射，会使得塔台管制员在使用目视方法获得夜间交通情况时遇到困难。同样，室内设备发出的噪音，也会对准确接收和理解无线电信息造成干扰。

外部环境分为自然环境、地理环境、行业环境、管理环境和政治经济环境等。

（1）自然环境：包括各种天气现象（诸如能见度、风向、紊流、雾、雷暴等）和突然的天气变化等因素。

（2）地理环境：包括地形、障碍物等因素。例如机场的布局及配置，或者机场建筑物对塔台观察视角的影响等。

（3）行业环境：包括行业特点导致的影响和来自于航空系统内其他运行系统产生的影响。

（4）管理环境：指的是直接影响空中交通服务运行系统重大变更的因素，例如降低最小间隔标准，新操作程序的出台，空中交通管制航路的重组，空域扇区的重新划分，引进新的设备、设施或系统，相关法律法规和规章的制定或修订等。

（5）政治、经济等社会大环境也是直接影响运行环境的重要方面。

任何组织都是在一定环境中从事活动的，任何管理也都要在一定的环境中进行。环境的变化要求管理的内容、手段、方式、方法等随之调整，以利用机会，趋利避害，更好地实施管理。针对影响空中交通运行和安全的各种内、外部环境的管理是一个在组织层面的系统性工作，包括：

（1）了解环境因素的变化情况并进行分析研究，确定环境因素对组织的影响。

（2）营造积极的、健康的组织文化。

（3）建立健全风险管理机制，将影响民航空管运行安全的风险降低到可接受的程度。

（4）建立安全评估机制。

（5）对运行环境或方式改变后的运行安全情况进行持续监控。

5.3 民航空中交通服务的应急处置

5.3.1 复杂气象条件下的应急处置

复杂气象条件是指雷雨、结冰、颠簸、风切变、低能见度等影响飞行安全的恶劣天气。遇到复杂气象条件时，管制员应当了解本管制区内的天气情况和演变趋势以及其对航空器安全运行的影响程度，及时通知在本管制区内运行的航空器。以下仅列举雷雨和风切变气象条件下的应急处置措施。

1. 雷雨天气条件下的应急处置

雷雨天气是对安全飞行影响最大的恶劣天气之一。有雷雨活动时，管制员应当采取如下处置措施：

（1）根据天气预报、实况和雷达观测等资料，掌握雷雨的性质、范围、发展、趋势等。

（2）掌握航空器位置。

（3）将航空器驾驶员报告的雷雨情报，及时通报有关的其他航空器。

（4）了解着陆机场、备降机场和航路的天气情况。

（5）航空器驾驶员决定绕飞雷雨时，要及时提供雷雨情报和绕飞建议，申请绕飞空域，调配其他航空器避让。

2. 发生风切变时的应急处置

风切变是一种大气现象，是风速在水平和垂直方向的突然变化。风切变是导致飞行事故的大敌，特别是低空风切变。图 5.6 为低空风切变示意图。当发生风切变时管制员的处置措施为：

（1）机场塔台管制员收到航空器驾驶员关于风切变的报告后，管制员应及时向进近管制室以及在本管制区范围内活动的其他航空器发布。航空器驾驶员报告的风切变信息应当包括以下内容：风切变存在的警告，遭遇风切变的高度或者高度范围，遭遇风切变的时间，风切变对航空器的影响，如水平和垂直速度的变化等。

（2）根据风切变的强度、飞机的性能和当时的天气情况，提醒并指挥飞行员正常着陆、空中等待或飞往备降场。

（3）多机飞行中，当有飞机报告遭遇风切变时，要指挥其他飞机避让开已知的风切变区域。但对于高度较高的，对飞行安全影响不大的风切变，可以指挥飞机有准备地穿越，而对高度较低，对飞行安全影响大的风切变，要指挥飞机在安全高度以上等待，待风切变消失后再落地。

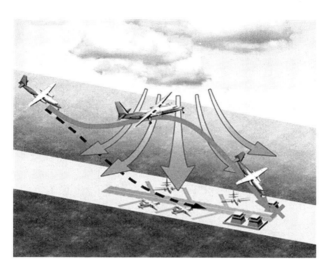

图 5.6　低空风切变

5.3.2 航空器紧急情况下的应急处置

航空器紧急情况包括：航空器失事、航空器空中故障、航空器受到非法干扰（包括劫持、爆炸物威胁）、航空器与航空器相撞、航空器与障碍物相撞和涉及航空器的其他紧急事件等。以下仅列举几项发生航空器紧急情况时，管制员应采取的应急处置措施。

1. 航路飞行中部分发动机失效的应急措施

航路飞行中，航空器驾驶员报告部分发动机失效时，管制员应当采取如下措施：

（1）了解航空器驾驶员意图。

（2）提供就近机场的资料和有关的飞行情报。

（3）如果航空器不能保持原指定高度继续飞行，及时调配有关航空器避让。

（4）航空器不能保持最低安全高度，又不能飞往就近机场着陆，航空器驾驶员决定选择场地迫降时，管制员应当记录航空器最后所知位置和时间，尽可能了解迫降情况和地点，并按照搜寻和援救的程序开展工作。

2. 报告紧急油量时的应急处置

紧急油量是指当飞机沿航线（包括正常的仪表进近程序）飞向着陆机场，预计飞抵着陆机场时的剩余油量只能维持飞机以等待速度在着陆机场上空 450 米（1500 英尺）的高度继续飞行不足 30 分钟的情况。当航空器报告紧急油量时，管制单位可以采取以下处置措施：

（1）当航空器报告"紧急油量"时，要立刻与航空器驾驶员证实是否宣布"紧急油量"或紧急情况，了解航空器剩余油量可飞时间。

（2）及时向航空器驾驶员提供本区域、相关机场的航行情报与飞行气象信息及空中交通信息。

（3）管制员要按照紧急情况处置的有关规定提供优先服务，组织其他航空器避让，为航空器缩短航程、使用有利高度、减少油耗提供帮助，并且避免因管制原因造成的等待、延迟与复飞。

（4）结合航空器申报的领航计划表及其飞行进程动态信息，利用航空器位置报告和雷达等空中交通监视手段跟踪掌握航空器位置。

（5）要及时将该航空器"紧急油量"状况通报给将要移交的下一管制单位及运行中相关的航空器。

（6）询问机上有无危险货物和机上人数，通知着陆机场有关保障单位和搜寻援救单位做好相应准备。

（7）航空器报告"紧急油量"时，管制单位要按照《民用航空安全信息管理规定》（CCAR-396）及其相关规定，将航空器发生"紧急油量"的信息及时报送有关民航监管部门。

1990年1月25日，美国肯尼迪机场哥伦比亚航空052航班飞行员与机场调度员之间的沟通失效就导致了一场空难事故。当哥伦比亚航空052航班飞行至肯尼迪机场上空时，像往常一样等候机场调度员的降落指令，由于当时天气恶劣，需延时降落，但因等待时间过长，飞行员发出"紧急油量"的信息，要求降落，而机场调度员没有给予重视，结果导致052航班飞机燃油耗尽而坠机。机上73名人员遇难，86名人员生还，机组成员仅乘务长生还。

3. 发生空中劫持时的应急处置

空中劫持指在航空器内使用暴力或暴力威胁，非法干扰、劫持或以其他不正当方式控制飞行中的航空器或准备采取此类行为，以致危害航空器或其所载人员、财产的安全，或危害航空器上的良好秩序和纪律的行为。当发生航空器被劫持时，管制员应该：

（1）尽可能核实航空器的识别标志和机型、航空器的位置和高度，了解航空器被劫持的情况、劫机者和驾驶员的意图。

（2）立即报告值班领导并按反劫机工作程序开展工作。

（3）考虑航空器驾驶员可能采取的机动飞行措施，迅速调配其他航空器避让。

（4）根据当时的情况，迅速提供就近机场供航空器驾驶员选用。

（5）航空器着陆后，指示驾驶员将航空器滑至远离候机楼、停机坪、油库的位置。

（6）在全部飞行过程中，使用雷达监视该航空器的动向。

5.3.3 跑道侵入的应急处置

跑道侵入根据严重程度可以分为四类。

（1）A类：勉强避免发生碰撞的严重事故征候。

（2）B类：间隔缩小至存在显著的碰撞可能，只有在关键时刻采取纠正/避让措施才能避免发生碰撞的事故征候。

（3）C 类：有充足的时间和距离采取措施避免发生碰撞的事故征候。

（4）D 类：符合跑道侵入的定义但不会立即产生安全后果的事故征候。

当发生间隔减小以至于双方必须采取极度措施，勉强避免碰撞发生的跑道侵入时，侵入行为发生时跑道上的其他航空器未处于起飞滑跑阶段，管制员应该：

（1）发出中止起飞、滑行的指令进行避让，通知航空器机组采取适当的避让措施。

（2）向现场指挥中心详细通报侵入跑道人员或车辆的位置、移动方向等信息，要求现场指挥中心迅速派人进行拦截处理。

当发生造成人员重伤、死亡或航空器碰撞事故的跑道侵入时，管制员应该：

（1）立即指示事发航空器/车辆/人员原地等待，接受调查。

（2）暂停事发跑道的使用。

（3）立即通知机场现场指挥中心。

2005 年 10 月 18 日某机场，由于塔台管制员工作疏忽，在允许机场场务车辆进入西跑道检查后，又指令某航空公司 B777 飞机进入该跑道起飞，造成该飞机在跑道上有车辆对头行驶的情况下不正常起飞。车辆驾驶员发现对头方向有飞机起飞后，立即采取了避让措施，车辆与飞机最接近时的距离约为 35 米。

5.3.4 地空通信联络失效的应急处置

当与航空器地空通信联络失效时，管制员除查明原因外，应当迅速采取如下措施：

（1）通过有关管制单位以及空中其他航空器的通信波道，设法与该航空器建立联络。

（2）使用当地可利用的通信波道连续不断地发出空中交通情报和气象情报。

（3）开放有关导航设备，使用监视设备掌握航空器位置，要求航空器做可观测到的指定的机动飞行或者发送一个可以被确认的指定信号，以判明其是否收到指令，然后采取措施。

（4）向有关航空器通报情况，指示相关航空器避让。

（5）向该航路沿线的有关管制单位发送有关陆空通信联络失效的情报。

（6）通知有关机场做好备降准备。

（7）塔台管制单位与进离场航空器不能建立联络时，应当使用辅助联络符号和信号。

失去地空通信联络的航空器需前往备降机场时，在确实判明航空器可以收到管制指令的情况下，管制员应当采取如下措施：

（1）航空器在云下按目视飞行规则飞行时，应当指示航空器仍保持在云下按目视飞行规则飞行。

（2）航空器按仪表飞行规则飞行时，应当指示航空器按照仪表飞行规则飞行至备降机场。

（3）航空器改航去备降机场并改变航向后，应当按照规定为航空器指配高度层。如果原高度层符合高度层配备规定，应当指示其保持在原规定高度层飞行；如果原高度层低于最低安全高度，应当指示其上升到新的高度层飞行。

（4）通知备降机场管制单位做好准备，并向航空器提供飞往该机场所需的飞行情报。

5.3.5 空中交通管制设备故障的应急处置

民航空管重要设施设备包括通讯系统设施设备、导航系统设施设备、监视系统设施设备以及附属系统设施设备等。当这些设备设施出现故障时会严重影响飞行安全。

1. 地面无线电设备完全失效时的应急处置

当空中交通管制使用的地面无线电设备完全失效时，管制员应当采取如下处置措施：

（1）立即通知相邻管制岗位或者管制单位有关地面无线电设备失效的情况。

（2）采取措施，设法在121.5MHz应急频率上与航空器建立无线电通信联络。

（3）评估地面无线电设备完全失效时管制岗位或管制单位的交通形势。

（4）如果可行，请求可能与航空器建立通信联络的管制岗位或者管制单位提供帮助，为航空器建立雷达或者非雷达间隔，并保持对其的管制。

（5）在通信联络恢复正常前，要求有关管制岗位或管制单位，让航空器在区域外等待或者改航。

2009年8月26日，美国加利福尼亚州弗里蒙特奥克兰空管中心遭遇15分钟断电，造成通讯系统瘫痪，迫使调度员用手机联络其他地方的调度员，传递指令，间接指挥飞机。所幸没出现任何险情，仅造成5个航班延误。

2. 航空器的发报机无意中阻塞了管制频率时的应急处置

当航空器的发报机无意中阻塞了管制频率，应采取下列处置措施：

（1）设法识别阻塞频率的航空器。

（2）确定阻塞频率的航空器后，应设法在121.5MHz应急频率上，采用选择呼叫代码（SELCAL），通过航空器运营人的频率及其他通信联络方式与航空器建立通信联络。如果航空器在地面上，直接与航空器联络。

（3）如果与阻塞频率的航空器建立了通信联络，应当要求航空器驾驶员立即采取措施，停止对管制频率的影响。

5.3.6 其他特殊情况的处置

1. 医疗救护的一般处置程序

管制单位收到航空器驾驶员报告机上有病人需要协助时，应当根据以下情况予以处置：

（1）如果收到航空器驾驶员报告机上有病人需要协助，但并没有正式宣布紧急情况或者病人处于危重状态，管制员应当向航空器驾驶员证实情况是否紧急。如果航空器驾驶员没有表明情况紧急，管制员可以不给予该航空器优先权。

（2）如果航空器驾驶员表明情况紧急，管制员应当予以协助，给予相应优先权，并且通知有关保障单位。

2. 鸟击的空管应急处置

鸟击是指航空器在飞行过程中与鸟类、蝙蝠及其他飞行物发生相撞的事件。鸟击严重影响着航空器的运行，轻则航班延误、航空器损伤，重则机毁人亡，给航空业造成了巨大的经济损失。交通管制单位可以采用雷达监视设备来发现鸟的活动，也可以从塔台上观测。收到鸟类活动的情况报告后，应采取如下处置措施：

（1）了解鸟群的种类、大小、位置、飞行方向、大概高度等情报。

（2）通知机场管理机构采取措施驱鸟。

（3）向可能受影响的航空器提供鸟群的相关信息，提醒航空器驾驶员注意观察和避让。

（4）如果接到航空器受到鸟击的报告，应了解飞机受损情况和飞行状况，如发生撞击的时间、地点、高度、飞行阶段、鸟的种类、鸟的数量等数据。

（5）指挥航空器离开鸟情区，注意监控航空器的飞行速度。如情况严重，指挥驾驶员就近机场着陆。

（6）按规定向有关单位报告。

参考文献

［1］李永．民航基础知识教程［M］．北京：中国民航出版社，2005

［2］王颖俊．航空安全管理概论［M］．扬智文化事业股份有限公司，2007

［3］张军．现代空中交通管理［M］．北京：北京航空航天大学出版社，2005

［4］董襄宁等．空中交通管理基础［M］．北京：科学出版社，2011

［5］李奎．航空安全管理［M］．北京：航空工业出版社，201

［6］郝梁怡．夏季飞行管制特情处置措施［J］．科技资讯，2011（9）

第6章 航空器维修安全与应急处置

6.1 概述

    航空器维修是航空器维修人员根据民航局的适航规章、航空器或部件生产厂家的维修手册及其他技术文件和标准，对航空器的发动机、起落架、机身结构、系统/部件的机械和电子设备进行检查、维护和修理，保持航空器的适航性，保证航空器安全运行的过程。发动机维修如图6.1所示。

图6.1　发动机维修工作现场

    根据航空器维修的深度和范围，航空器维修工作可划分为航线维护、机库维修、附件修理以及重要修理和改装四个等级，如表6-1所示。

表 6-1　航空器维修工作等级

维修等级	维修内容	维修地点
航线维护	日常勤务，航前、短停和航后检查，故障排除及修理，外场可换件拆装，级别较低的定检（A检、B检）等工作。	停机坪
机库维修	级别较高的定检（C检以上）、改装、功能测试、校正、调试、结构件拆装工作。	机库
附件修理	航空器零部件拆下后进行分解、清洗、检查、换件、组合并在测试台进行检测等工作。	车间
重要修理和改装	航空器客货机改装，或为提升航空器性能、延长航空器使用时限而进行的重大修理和改装工作。	停机坪或机库

　　航线维护主要是指航前、短停和航后的航空器检查、勤务、加油、故障排除作业，航线维护工作依据工作单卡逐项执行并签字，在符合局方的适航规定之后，由航空公司授权的有资格的工程技术人员签字做整机放行。

　　机库维护主要从事航空器深度维修工作，即对航空器结构及系统做一次较大的预防性检查及维护。包括非破坏性检验、测量或校准、航空器大修，以及航空器整体测试及检查、零部件翻修与更新等，如图 6.2 所示。

图 6.2　机库维修工作现场

　　附件修理是将拆换下来的航空器零部件进行分解、清洗、检查、换件、组合并在测试台进行检测的工作，目的是将零部件的故障排除或者恢复其性能，这项工作一般在车间内完成。比如航空器的刹车组件超标更换后，被送到修理车间，技术人员将刹车组件分解、清洗、烘干、探伤，之后更换新的刹车片，通过测试合格后即可重新装到航空器上使用。

　　重要修理和改装包括航空器客货机改装，为提升航空器性能、延长航空器使用时限而进行的重大修理和改装工作。比如"9·11"事件后，为了防止或延缓恐怖分子闯入驾驶舱，将驾驶舱门进行了加固改装。重要修理和改装工作视情在停机坪或者机库完成。

6.2 航空器维修安全

在航空发展的历史进程中，因为维修差错导致机毁人亡的事故带给人们太多的教训。据美国波音公司统计，1996 年至 2005 年，全球民航已查明原因的飞行事故中，共有 4 起因维修差错导致的机毁人亡事故。但是，随着人们不断从事故中吸取教训、总结经验，再加上先进技术的运用，航空器设备可靠性越来越高，技术因素引发的航空事故大大减少。据国际航空运输协会（International Air Transport Association，IATA）统计，技术因素相关的航空器事故比重从初期的 80% 下降到目前不到 20%。与此同时，人为差错导致的不安全事件却直线上升。目前，航空器维修安全重点关注飞行安全、维修地面安全、维修相关人员和设备安全。

维修单位的质量和安全管理工作主要体现在建立相应的维修系统，为了落实其适航性责任，维修系统通常包括以下主要部门：安全部门、质量部门、维修计划和控制部门、工程技术部门、培训部门。这五个部门的协同运作，通过可靠性管理和人为差错控制保证航空器飞行安全，提升航空器维修地面安全以及保障维修人员职业安全健康。

航空器维修最重要的工作是保证飞行安全。目前，航空器维修保证安全的方法主要按照局方的各项法规进行适航管理，具体来说，除采取各等级航空器维修工作外，还采取建立维修单位安全管理体系、应急管理体系、可靠性管理、人为因素理论和模型的应用等管理手段，达到飞行安全的目的。

6.2.1 航空器可靠性管理

20 世纪 50 年代，国外就兴起了对可靠性技术的研究。以可靠性为中心的维修（Reliability Centered Maintenance，RCM）最初应用于航空电子设备，后应用于军用系统与设备，现已广泛用于其他各个行业，如核电企业、电力公司、汽车制造厂等。可靠性分析，目前已经成为产品安全性预测、质量保障及维修计划制定等工作不可或缺的手段。

可靠性是产品在规定条件下和规定时间内，完成规定功能的能力。它是衡量飞机系统综合性能的重要参数。航空器可靠性直接关系到人民群众的生命安全，影响航空公司的经济效益。可靠性管理就是从系统的观点出发，通过制定和实施科学的计划，组织、协调和监督可靠性活动的开展，以保证消耗最少的资源，实现用户或设计要求的定量的可靠性。

从应用角度，可靠性可分为固有可靠性和使用可靠性。固有可靠性仅考虑设计和生产中能控制的故障事件，用于描述产品设计和制造的可靠性水平；使用可靠性综合考虑产品设计、制造、安装、维修等因素，用于描述产品在计划环境中使用的可靠性水平。

　　从设计角度，可靠性可分为基本可靠性和任务可靠性。前者指产品在规定条件下无故障的持续时间或概率，考虑要求保障的所有故障的影响，用于度量产品无需保障的工作能力，通常用平均故障间隔时间（Mean Time Between Failures，MTBF）来度量；后者指产品在规定的任务剖面内，完成规定功能的能力，仅考虑造成任务失败的故障影响，用于描述产品完成任务的能力，通常用任务可靠度（Mission Reliability，MR）来度量。

　　可靠性管理流程通常包括数据采集、数据分析、工程调查和纠正措施，并形成闭环反馈，如图6.3所示。建立良好的数据采集系统，应用概率论和数理统计方法进行可靠性分析，对使用中的飞机性能情况进行评估和工程调查，找出无法接受的状况及根本原因，从而制定合理可行的纠正措施，并进行反馈及跟踪。

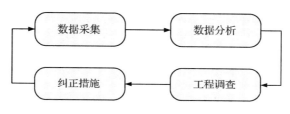

图 6.3　可靠性管理流程

　　数据采集是可靠性分析的第一步，通常也是最难的一步。因为没有良好的数据支持，不可能得出准确有效的分析结果。建立良好的数据采集系统，确保能够及时、完整、准确地提供飞机及附件各类维修和性能数据，是后续各项工作的基础。数据采集的来源有很多，具体可分为飞机使用时间数据、飞机系统性能数据和附件使用数据等三类，如表6-2所示。

表 6-2　数据采集的类别及来源

数据类别	主要来源
飞机使用时间数据	飞机飞行记录单、机载数据采集系统、飞机运行和定检记录
飞机系统性能数据	飞机飞行记录单、航线维修报告单、客舱维修报告单、非例行工作单、定检工卡、工程指令、保留故障单、适航当局的检查发现、制造厂提供的各种信息、其他航空公司的相关信息等
附件使用数据	附件使用监控记录、送修记录、修理报告

　　数据分析是可靠性分析的第二个环节，也是可靠性分析的核心，其主要工作包括将飞机系统、附件的性能与历史数据相比较，找出不可接受的性能状况异常、恶化的趋势和重要事件，进行现行维修方案的有效性评估等。数据分析主要包括统计分析和事件分析两种方式。统计分析是使用统计方法处理相关数据，以便凭借与设定的警告值或性能

指标值比对来识别性能趋势。事件分析则是用来监控统计方法无法有效分析的事件，并对统计分析进行适当的补充。

工程调查，是将数据可靠性分析的结果应用到航空维修决策的必由之路。工程调查的目的，就是要寻找和判别故障及重要事件发生的根本原因，籍此确定有效的纠正措施。在可靠性数据分析中，如果发现飞机或附件性能状况出现恶化趋势、性能指标超出警告值、飞行不正常以及重复性、多发性故障等事件，就应启动相应的工程调查。通过可靠性分析，对系统及附件性能进行调查和总结，找出其中的规律性内容，从而制定合理的维修策略。

改进或纠正措施的制定和落实是可靠性分析工作的最终目的。通过工程调查，找到造成故障的真正原因，提出有效的纠正措施，改进维修策略，从而预防故障重复发生，这就是纠正措施在可靠性分析中的作用。纠正措施通常需要在安全与成本之间找到一个平衡点，恰当的纠正措施，能在提高安全性的同时降低成本。纠正措施制定以后，需要进行跟踪及反馈，这是确定纠正措施有效性最常用的方法。对于比较重要或紧急的事件，可以指定专门的部门以口头或书面的形式直接进行反馈；对于并不十分严重的事件，可以通过监控相关的性能参数趋势来完成。

6.2.2 人为差错控制

在早期的航空安全研究中，人们将主要精力放在硬件上，致力于各种设备器件的改进而忽视了人为因素在航空安全事故中所起到的重要作用。随着航空工业的发展，人们越来越意识到，大部分航空安全事故都是由人为差错造成的。另外，随着技术的进步，如今的硬件已经非常可靠，由于硬件原因造成的安全事故与人为因素相比所占的比例越来越小。由此，人们便开始重视人为因素的作用，研究人为因素对于航空安全的影响。

人为因素研究和人为差错控制的基本理论和模型包括 SHELL 模型、Reason 模型、墨菲定律和事件链理论等，人们在这些理论和模型的基础上，结合航空器维修的实际情况，提出了人为差错控制的方法和理论，如波音公司提出的维修失误决断方法、人为因素分析与分类系统；欧盟第五模型计划项目开发的航空器签派和维修安全中的人为因素、航空器维修程序优化系统、飞机放行和维修系统 2（Aircraft Dispatch And Maintenance System 2，ADAMS－2）等一系列的分析工具和分析方法。

我国自 20 世纪 90 年代开始人为因素理论研究。1992 年，人们开始关注维修中人为差错问题，并对相关事件进行统计。1998 年，中国民用航空局开始对航空维修中的人为因素问题进行研究。目前，国内多家维修企业采用维修失误决断方法对维修人为差错进行控制。

关于人为差错有一个重要的观点：不能要求人为差错为零，只能通过防止差错和制定容错措施来控制差错。发生人为差错的主要原因大致分为以下几类。

1. 生理原因

人体各功能系统、各机能器官及生理节奏等生物体活动规律，以及人体的疲劳特性等，都可能成为发生人为差错的生理原因。除此之外，人的大脑的生理活动规律，特别是大脑意识的活动水平，对人体的行为和人为差错的影响尤其不可忽视。

2. 心理原因

（1）注意力：在工作时，人们经常由于注意力分散导致人为差错。大量事实表明，注意力分散是人体特性的本质表现之一。一般情况下，正常人都不愿意在危险场合分散注意力。但是，人的大脑意识水平并不能永远保持在同一水平或最佳水平状态，无法控制的情形会经常出现，使人在注意力集中与注意力分散之间来回转换。

（2）臆测判断：所谓臆测判断，是指由个人在没有任何根据的前提下，通过推测所作出的随意性判断。臆测完全是主观的随意性产物，以臆测作为指令，是发生人为差错的重要原因。

（3）其他心理因素：过度紧张、过分松弛、焦躁反应和单调作业等，也都是导致发生人为差错的原因。

3. 管理原因

（1）组织管理层方面：组织管理层对人为差错重视不够，没有落实具体的管理措施、程序。负责人为差错的组织机构不健全，目标不明确，责任不清楚，检查工作不落实。

（2）车间方面：作业时间安排不合理，违反人体特性。缺乏均衡稳定的作业计划，团队合作意识差，员工之间常有无原则的纠纷和争论。

（3）工作特性及工作环境方面：员工长时间连续工作；工作时动作和姿势不安全、不合理；工作要求力量过大、精度极高等；难以把握的局面；难以检验结果的工作；不适宜的物理环境因素等。

对于人为差错，英国民航局曾公布过一个列举经常发生的维修缺陷的清单，列在前面的维修问题依次是：

（1）部件安装不正确。

（2）安装错误零件。

（3）电气线路缺陷（包括接错线）。

（4）东西（工具等）遗留在飞机上。

（5）润滑不足。

（6）整流罩、检修盖板等未固定。

（7）燃油口、滑油口或加油盖板未盖上。

（8）起飞前起落架地面锁销未取下。

【案例】

全球民航业的发展和航空公司的商业需求，使民用航空器的利用率大幅增加，致使航空器维修过程中，维修人员的工作面临着时间、空间、生理和物理的多方面压力。在这种条件下，维修人员很容易发生人为差错，甚至造成严重后果。1994 年 6 月 6 日，原中国西北航空公司图 154 飞机 B2610 执行西安—广州 2303 航班任务，起飞后不久发生自动导航系统故障，飞机经猛烈摇晃后随即解体，坠毁在西安市长安县鸣犊镇辖区内，机上 146 名乘客及 14 名机组人员全部罹难。事故调查发现，维修失误是此次空难的主要原因，在事发的前一天晚上，维修人员错误地将该机倾斜阻尼插头和方向阻尼插头接反，导致飞机操纵性能异常，最终失去控制，造成飞机空中解体。如此可见，航空器维修是一项专业的、高技术性的工作，其质量直接影响航空器运行安全。

根据以往事故原因分析，加拿大运输部总结出人为差错的 12 个陷阱（Dirty Dozen，亦称"一打垃圾"），目前已广泛地被全世界众多航空公司采纳，它们是：

（1）沟通不良：缺乏清楚的、直接的陈述，并且缺乏良好的积极倾听技巧。例如 1991 年 9 月 11 日，一架美国大陆快递公司的 EMB-120 客机在从德州拉热多到休斯敦的飞行途中发生空中解体，机上 14 人全部罹难。调查发现：机务人员在交接班时，没有就正在进行的防冰罩工作进行交接和沟通，包括已拆下的水平安定面前缘螺杆，导致飞机在飞行中水平安定面前缘脱落，飞机失去控制，最终朝下俯冲并解体。

（2）自满大意：由于自我满足而缺乏危险情境意识。例如飞机升降舵组件润滑的检查工作，由于每次检查时都是正常的，有时为了避免延误航班，就省略了这项工作，认为以前检查都没问题，这次也肯定没有问题，而当飞机起飞后，飞行员发现升降舵操纵困难，不得不切换到备用系统后返航。

（3）缺乏专业知识：缺乏经验或者完成任务所需的培训。例如由于缺乏技能，技术人员在为更换一个小部件拧螺丝时将安装座损坏，导致装备不符合标准要求，飞机在空中相关功能丧失，不安全事件或事故发生。

（4）分心：由于精神、情感方面的混乱或外界的打扰导致注意力分散。例如技术人员正在施工，突然被叫走去做另外一件事情，等再回到施工现场，可能已经将施工的某道关键步骤遗漏了，从而导致严重的后果。

（5）缺乏团队精神：缺乏为达到共同目标而应具有的合作。例如对同样的问题不能达成一致的解决方案，不能进行有效的合作，甚至你干你的、我干我的，这就很容易在双方工作结合部产生问题，最后导致部分系统/部件检查和维修工作的遗漏。

（6）疲劳：任务过重或精神紧张等使人精神虚弱，暂时丧失反应能力。例如由于工作安排不合理，维修人员在通宵执勤后休息时间不足的情况下，又被安排下一个通宵夜班。如果存在长期类似的工作安排，那么维修人员将会处于疲劳状态，导致在工作中反应迟钝，从而产生错、忘、漏等差错。

（7）资源不足：不能得到或使用合适的工具、设备、资料和程序来完成任务。例如 1990 年 6 月 10 日，英国航空 5390 航班驾驶室其中一块挡风玻璃突然飞脱，并将机长上半身吸出机外，事件发生后，副驾驶独立将飞机安全降落于南安普敦机场。事后调查组发现，事件发生前 27 小时，该飞机更换了挡风玻璃，在航材部门领取螺钉时，维修人员以"尽量相似"为准则，而没有参考飞机的维修技术文件，90 颗固定螺丝钉中的 84 颗直径偏小，其余 6 颗长度偏短。事发时机舱内外的压差过大，挡风玻璃最终承受不了压差而进行爆炸减压。

（8）时间压力：为了在规定的时间内完成任务，而在心理、情感或体力上产生疲乏或者不安。当前，无论是民航监管部门、旅客还是航空公司，都对航班正点提出了很高的要求，这给维修人员造成很大的时间压力，造成了他们的疲乏或不安，严重时这种压力会对维修质量和安全造成极大的影响。

（9）缺乏主见：缺乏主动、积极地陈述个人的想法、愿望和需要的行动，并且在受到挑战时没有陈述和坚持个人的立场。例如强势的人坚持错误的观点时，弱势的人不能坚持自己的正确想法，导致飞机维修过程中有些严重问题被忽视，酿成大的事故。

（10）紧张压力：来自于家庭或者工作，包括精神方面、情感方面或者身体方面的危机感或紧迫感。例如一个没有自信的维修人员，他时刻在考虑：我这样施工会不会造成事故？造成事故我会被扣多少钱？我会承担什么法律责任？等类似的问题，以至于在工作中心不在焉，最后很不幸地发生维修差错。

（11）缺乏情境意识：不能随时注意工作周围正在发生的事情，对任务的进展情况和发展趋势不能随时保持高度警觉性。例如维修人员在机库工作时因为没有情景意识，从而导致摔伤、触电等伤亡事件。

（12）不良习惯：按照被大家普遍接受的工作习惯，而不是按照维修手册和技术文件来完成任务。例如，前面提到的英国航空 5390 航班驾驶舱风挡玻璃爆裂的事故，就是因为维修人员一直都是以尽量相似的习惯来领用航材，这种坏习惯是本次事件发生的主要原因。

上述的十二个"陷阱"，每项背后都有一起以上的安全事故案例让我们引以为戒，因此这"一打垃圾"是维修人员必须摒弃的。

6.2.3 维修地面安全

维修地面安全是与航空安全密不可分的组成部门。2006 年，中国民航颁布了行业标准《民用航空器维修地面安全》（MH/T 3011 – 2006）。这套标准一共包含 16 部分：轮挡、停放与系留、牵引、顶升、地面试车、操纵面试验、加油和放（抽）油、部件的吊装、地面溢油的预防和处理、机坪防火、局部喷漆、客舱整新和焊接、地面消防设施维修使用和管理、红色警告标记的使用、地面紧急救援、燃油箱的维修、座舱地面增压试验、燃油沉淀物的检查、风害防护、除冰、除冰液的使用。这套标准的颁布和实施，对保证航空器的地面安全，减少在维修工作中发生地面不安全事件，降低对飞行安全、正常、准点所造成的影响起到了积极的作用。

维修地面安全是航空器维修工作中必须关注的一个问题。举例来说，在维修过程中，由于操作人员思想麻痹、注意力不集中、无保护装置或保护装置失效而出现设施设备接近飞机时刮蹭飞机的现象；又如在维修过程中，操作失误导致航空器、发动机或设备损坏，严重的甚至导致人员伤亡。类似事件在世界维修行业里时有发生。本节将就维修地面安全的一些重要问题及注意事项进行讨论。

1. 航空器重要系统的维修

航空器的重要系统是指当航空器在空中发生紧急情况时，保证其安全飞行、着陆或迫降的基本系统，如飞行控制系统、起落架系统、应急系统和发动机等。做好这些系统的维修工作是飞行安全的关键。在维修工作中，为了保证上述重要系统的功能和性能，要求对其进行认真、细致的检查，严格按照工卡或维护手册的要求进行施工，并落实自检、互检、终检的三级检验制度。

（1）飞行控制系统是在驾驶舱操纵驾驶杆、脚蹬、升降舵配平电门、方向舵配平电门等，通过机械或电传方式，控制液压系统，驱动飞机舵面偏转，从而控制飞机的俯仰、滚转和偏航，使飞机按照规定的航路飞行的系统。在进行飞行控制系统维修工作时，首先要按照航空器制造厂家提供的维护手册和工卡对该系统的功能进行测试，对其部件，特别是舵面进行细致的检查，是否有丢失、破损、漏油的情况，发现问题按维护手册进行故障排除、修理或更换，完成施工后进行自我检查，并与同事或者班组长进行互检，最后由检验员进行检验后，才能将系统恢复使用。

（2）起落架系统是给航空器提供停放、滑行、起飞、着陆，以及中止起飞和着陆刹车的系统。大型民用运输机起落架在起飞之后一直到着陆进近之前，都收起到起落架舱内，起落架舱门关闭，以减少飞行中的空气阻力。该系统的维修工作同样需要进行检查、测试，发现问题按标准进行维修，最后进行三级检验后恢复使用。

（3）应急系统用于航空器在空中发生紧急情况时，如座舱释压、火警等，给航空器提供应急的液压、交流电、直流电，给飞机提供基本控制和通讯功能，给客舱提供氧气、应急指示灯光、灭火瓶，给机组和旅客提供着陆或迫降后的逃生设备，如机上应急滑梯、逃生绳、救生衣、救生船和应急定位发射器（Emergency Location Transmitter，ELT）等。该系统的维修工作需要进行检查、测试，发现问题按标准进行维修，最后进行三级检验后恢复使用。

（4）发动机是给航空器提供动力的装置，是保证航空器飞行的核心装置。该系统的维修工作需要进行检查、测试，发现问题按标准进行维修，最后进行三级检验后恢复使用。

2. 航空器维修地面安全

航空器的正常飞行需要航空器各个系统进行配合，维修工作需要按照维修手册或工卡在飞机上做大量的功能测试。每一项工作都有可能存在人员伤亡、设备损伤或航空器损坏的风险。例如在对飞行操纵系统进行测试时，飞机舵面可能随时会偏转，如果刚好有维修人员在舵面上工作，这将会导致人员伤亡。以下是航空器部分系统维修工作时需要重点管控的内容与控制措施，如表 6-3 所示。

表 6-3　航空器部分系统维修工作时重点管控内容与控制措施列表

控制系统/部件	管控内容	控制措施
起落架系统	起落架或其舱门突然关闭，导致飞机趴地或者夹伤、夹死维修人员	插上起落架及其舱门的安全销
电源系统	维修人员被电击或设备起火	确保正在修理的用电设备已被隔离
液压系统	相关舵面突然作动或者漏油导致人员伤亡或设备损坏	接通液压时，需确保所有外部人员和设备处于安全区域
燃油系统	燃油溢出时附近有火源，导致航空器起火	避开附近的火源、电源，并防止大量燃油溢出
飞行控制系统	相关舵面突然偏转导致人员伤亡或设备损坏	避免舵面周围有人员施工，移开舵面附近的设施设备
灭火系统	灭火瓶的高压灭火剂意外喷出，或灭火瓶爆炸帽突然爆炸造成人员伤亡	注意灭火瓶喷射口的物理防护，使用专用设备测量爆炸帽电路
氧气系统	有氧燃烧，造成火灾	避免附近的火源、电源，并避免氧气与油脂接触
发动机	热部件和废气对维修人员的危害，试车时超温损坏发动机	注意各型发动机的安全区域和危险区域的定义，试车时密切监控发动机性能
机上红色电门	控制系统非正常激活，导致人员伤亡或航空器/部件损坏	保持高度警惕，熟悉所有电门操作所能产生的后果

除上表所列之外，在进行维修工作时，还需要使用大量的设施设备，常见的有维修工作梯、高空车、升降车、电源车、空调车以及各种测试设备等。这些设施设备接近飞机前，必须确定航空器的状态，如发动机是否试车、电源是否通电、液压是否增压、舵面是否作动等，并与现场负责人进行充分的沟通。

6.2.4 维修人员人身安全

维修活动中，由于在机库或者停机坪中有航空器、车辆或设备的活动，维修人员需要特别注意自身的安全。

维修人员不可避免地会接触到各种油、液和气，因此在进行维修工作时，应当对航空器上的油、液、气对眼睛、皮肤、呼吸等器官的危害程度有一定的了解，避免其对人造成危害、对环境造成污染。

在维修工作中，必须熟悉航空器的危险区域，以免造成伤害，如飞行控制舵面操作检查时的危险区域，各型发动机运行时的安全区域和危险区域，如图 6.4 所示。

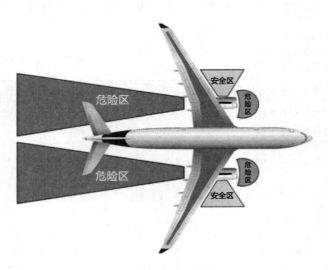

图 6.4　发动机慢车运行时的危险区和安全区

在进行维修工作时，必须使用飞机安全装置，如航空器的系留能保证飞机在大风情况下的安全，发动机罩、探头罩能避免风沙进入发动机和设备，货舱门、起落架及其舱门的安全销或安全衬套能保护设备并防止其意外作动导致人员伤亡。

航空器上的部分零部件含有放射性元素，在拆换或接近这些零部件时，维修人员需要注意个人辐射防护。

此外，在航空器维修过程中经常要使用高压氮气或氧气，维修人员应该注意高压气体对人体的伤害。

6.3 航空器维修应急处置

为保证各种应急情况下的安全和尽可能地减少损失，维修单位应该建立本单位的应急管理体系，根据《中华人民共和国突发事件应对法》、《中国民用航空应急管理规定》，制定适合本单位资源和特点的应急预案，规定应急情况下的组织、职责、信息上报、处置、培训和演练、外部协议，并配备相关的应急设施设备。航空器维修单位和人员应该具备涉及本职工作的应急处置能力，至少应该包括空中紧急技术援助、地面紧急事件处理（如发动机在地面失火、飞机溢油、飞机在跑道抛锚等）、飞行/地面事故援助等。

6.3.1 空中紧急技术援助

发生空中紧急事件时的处理原则：根据需要，维修人员应指导飞行员在空中采取适当的工程技术措施，尽可能化解紧急事件，或最大限度协助飞行员降低紧急情况对安全的影响。

航空器在空中发生紧急情况时的技术援助步骤：

（1）飞行员通过空地通讯或空地数据链向空管部门和航空公司运行控制部门报告紧急情况细节，如果需要工程技术方面的援助，维修部门应立即组织由专家组成的三个技术援助小组。

（2）第一组负责通过空管部门或航空公司运行控制部门与机组建立联系，提供技术解决方案，听取机组的反馈。

（3）第二组负责与厂家或权威工程技术部门进行咨询。

（4）第三组根据机组的反馈、厂家或权威工程技术部门的意见以及维修手册等技术文件，提出最优的技术解决方案。

（5）技术解决方案提供给机组实施后，听取机组反馈。

（6）根据机组反馈调整或重新编制技术解决方案。

（7）向机组提供新的技术解决方案。

（8）解除空中紧急情况。

例如，某公司航班机组在进近阶段反映起落架放下后驾驶舱内指示灯不亮，不能确定起落架是否锁定，请求地面技术援助。维修部门收到运行控制部门转来的情况后，派出技术援助小组到运行控制部门与机组取得联系，建议机组首先更换指示灯泡，机组更换灯泡后指示灯显示起落架放下锁定，后飞机安全着陆。

6.3.2 地面紧急事件处理

1. 发动机失火

航空器在地面发生发动机失火的处理原则：尽快控制火情，避免火情蔓延，特别需要避免油箱起火爆炸。

航空器发动机在地面运转时发生火警的处理步骤：

（1）发动机在地面发生火警后，参数指示异常，驾驶舱发动机火警指示灯闪亮，火警警告铃声响，主警告灯闪亮，发动机火警信息出现。

（2）在驾驶舱的人员马上按出（或拔出）红色的发动机火警电门，将发动机与电源系统、燃油系统、液压系统和气源系统隔离。

（3）按压灭火瓶开关，释放起火发动机的所有灭火瓶。

（4）通知塔台、机场指挥中心、消防队和医疗救护中心。

（5）地面人员尽可能使用地面灭火瓶，在保证自身安全的前提下进行灭火。

（6）组织机上人员和旅客紧急撤离，维修人员协助逃生。

（7）消防车和医疗救护中心抵达后，维修人员协助消防员、救护人员进行灭火、救援或警戒。

（8）发动机起火被扑灭。

2. 地面溢油

地面溢油的处理原则：完全隔离电源和火源，防止起火，尽快清理溢油。

在加油或者维修工作过程中，如果加油管、航空器邮箱或者燃油系统部件发生地面大面积溢油事件的处理步骤：

（1）立即向指挥中心报告。

（2）通知消防人员到现场戒备。

（3）立刻隔离现场电源和火源。

（4）如果溢油量较大，通知无关人员紧急疏散。

（5）尽快堵住溢油口，控制事态进一步扩大。

（6）协助消防员对溢油区进行清理。

3. 航空器在跑道抛锚

因为故障或其他突发事件导致航空器在跑道端抛锚的处理原则：尽快将航空器脱离跑道，采取适当措施排除故障或协助其他部门处置突发事件。

航空器因故障或其他突发事件致使其在跑道抛锚事件的处理步骤：

（1）机组通过空管或航空公司运行控制部门将航空器抛锚情况细节告知维修部门。

（2）维修部门在获悉情况后，快速成立专业小组。

（3）通过航空公司运行控制部门向塔台和机场指挥中心提出进入滑行道、跑道的申请。

（4）获得批准后，携带地面耳机尽快赶到航空器位置，与机组进行联络，了解具体的情况。

（5）尽快将航空器脱离跑道，指挥航空器滑回或安排拖车拖回停机坪。

（6）根据情况与值机部门沟通决定旅客或机上人员是否下机。

（7）检查航空器抛锚情况，对故障进行检修。

（8）如果是其他非工程技术问题，维修人员协助相关部门进行工作。

6.3.3 飞行/地面事故援助

发生航空器飞行/地面事故时的处置原则：以抢救人员生命为第一要务，协助救援人员，为救援人员提供专业的技术意见和指导。

当航空器发生事故后，维修人员援助措施如下：

（1）尽快到场，迅速组织采取紧急措施。

（2）协助消防人员、医护人员救援机组和旅客。

（3）保护现场，防止航空器设备和散落物丢失。

（4）拆下蓄电池，切断机上电源。

（5）关断氧气。

（6）如果起落架处于放下和锁住位置，应插上安全销并插上接地线。

（7）拆下事故记录器。

（8）将事故航空器系留好，装好舵面夹板、堵头和布罩。

（9）尽快尽可能多地抽放航空器燃油，但必须保证航空器状态不变。

（10）释放液压系统压力。

（11）计算或估算航空器重量和重心。

（12）协助完成事故调查组安排的其他工作。

（13）当事故调查组完成调查工作后，维修人员还需负责对事故航空器进行搬移。

参考文献

［1］（美）M. S. 帕坦卡尔．J. C. 泰勒．孟惠民译．航空维修中的风险管理与差错减少［M］．北京：中国民航出版社．2007

［2］拉里·里斯麦尔．程晋萍译．维修与维修人员［M］．北京：中国民航出版社．2003

［3］王颖骏．航空安全管理概论［M］．台北：扬智文化事业股份有限公司．2007

［4］朱丽君，刘珂．人为因素和航空法规［M］．北京：兵器工业出版社．2006

［5］中国民用航空局．民用航空器维修地面标准．2007

第 7 章　航空安保管理与应急处置

7.1 航空安保概述

　　根据《国际民用航空公约》附件 17，航空安全保卫（简称航空安保）是指为维护民用航空安全不受非法干扰行为影响而采取的措施和使用人力、物力的总和。航空安保是国际通用的术语，而我国的习惯用语为空防安全，常见于民用航空安保的各种文件当中。非法干扰行为是指危及民用航空和航空运输安全的实际或有预谋行为，如非法劫持飞行中的航空器，非法劫持地面上的航空器，在航空器或机场内扣留人质，强行闯入航空器、机场或航空设施场所，企图犯罪而将武器或危险装置或器材带入航空器或机场，传递危及飞行中或地面上的航空器、机场或民航设施场所中的旅客、机组、地面人员或工作安全的虚假信息等。

图 7.1　"9·11" 事件中航空器撞击后的世贸大楼

　　长期以来，航空安全问题主要体现在飞行安全问题上。一般认为，飞行安全问题主要是由航空器本身的性能及相关人员的操作水平造成的，相关的因素包括航空器的性能、物理状态、通讯、导航、气象以及人的因素等。然而，随着航空器大型化的实现和航空运输大众化、国际化的到来，虽然飞行安全水平因航空科学技术的巨大进步实现了质的飞跃，但是威胁和干扰航空运输的违法犯罪行为却日益突出，尤其是恐怖主义袭击活动对航空安全的威胁达到了前所未有的高度。特别是"9·11"事件后，航空安保问题受到了国际民用航空组织及其成员国的高度重视。他们通过建立健全法律法规，实施质量控制和安保审计来保证航空安保工作的有效进行，以促进民航业的健康发展。

目前，航空安保已经是民用航空安全的两大重要组成部分之一，也是民用航空安全工作的核心内容之一。本章将从航空安保法规体系、航空安保管理、航空安保应急处置等三个方面进行论述。

7.2 航空安保法律法规体系

7.2.1 航空安保国际条约体系

二次世界大战之后，民用航空飞速发展，航空器逐渐成为人类从事文化活动的必备工具。但是由于在万米高空进行跨国界、跨地区的飞行，航空器内发生的各种事件，往往脱离了各国司法管辖范围，因此飞行中的航空器陷入无人管理的状态。如发生在1935 年的"科多瓦案"便是比较好的佐证。"科多瓦案"是说两个名字分别为科多瓦和桑塔诺的美国人，从纽约乘飞机到波多黎各看球赛。在返回纽约的途中，飞机在公海上飞行的时候，两个人发生争斗，致使旅客纷纷离座，拥到后舱，造成飞机失平，险些发生空难。然而当机组人员进行干涉时，却被科多瓦打成重伤。飞机在纽约降落后，警察将二人逮捕，并提交纽约法院对之起诉。遗憾的是，当时法官们却找不到实施制裁的法律依据。为此国际民用航空组织成员国先后签订了一系列的公约、议定书等，对制止干扰航空器正常运行的犯罪与行为作出了明确的规范。

1. 1963 年《东京公约》

1963 年《东京公约》是《关于在航空器内犯罪和某些其他行为的公约》的简称，也是第一个关于空中犯罪问题的国际公约。该公约赋予了机长拘禁、驱逐下机和移交所谓犯罪者的权限，特别是对于非法劫持航空器的行为；规定了登陆国有责任恢复机长对航空器的合法控制权以便继续航程；填补了国际法中在劫机事件的司法管辖权、机长责任及行为后果上的空白。

2. 1970 年《海牙公约》

1970 年《海牙公约》是《制止非法劫持航空器的公约》的简称，通称为《反劫机公约》。该公约专门处理空中劫持问题，并给出了非法劫持航空器的明确定义。1970 年《海牙公约》规定飞行中的航空器内的任何人用暴力，或暴力威胁，或任何其他胁迫方式，非法劫持或控制航空器，或任何此类未遂行为，即构成刑事犯罪；各国享有普遍管辖权，推翻了仅限于航空器的登记国享有管辖权、载有罪犯的航空器的登陆国享有管辖权、租赁航空器的使用国享有管辖权等局限性规定；任何发现罪犯的国家都有权拘留并将其引渡到航空器的登记国；各国在预防和解决非法劫持航空器问题上，应向国际民用航空组织履行就任何此类行为和相应的起诉或引渡结果进行告知的义务，以保持国际合作。

3. 1971 年《蒙特利尔公约》

1971 年《蒙特利尔公约》是《制止危害民用航空安全的非法行为的公约》的简称，通称《反破坏公约》。该公约规定应受到严厉惩罚的犯罪行为包括对飞行中的航空器上的人实施暴力行为、破坏或损坏航空器、在使用中的航空器上放置可以破坏航空器安全的物品的行为。《蒙特利尔公约》的规定与《海牙公约》大体相同，但对危害民用航空安全的行为作了更具体的规定，扩大了适用范围并规定此种行为在实际上应受普遍性管辖。

4. 1988 年《蒙特利尔议定书》

1988 年《蒙特利尔议定书》是《制止在用于国际民用航空的机场发生的非法暴力行为》的简称，作为补充 1971 年《蒙特利尔公约》的议定书。该议定书用以制裁破坏或严重损坏国际民用航空机场的设备、停在机坪上未处于使用中的航空器、中断机场服务或危及机场安全的行为。该议定书扩展了 1971 年《蒙特利尔公约》对犯罪行为的规定，将对机场上"未处于使用中"的航空器的攻击包含了进来。

5. 1991 年《蒙特利尔公约》

1991 年《蒙特利尔公约》是《关于注标塑性炸药以便探测的公约》的简称。注标塑性炸药是指生产塑性炸药时在其内添加任何一种可跟踪的元素，以便探测。该公约规定禁止生产、贮存和运输非注标塑性炸药，以防恐怖分子利用难以探测的塑性炸药进行恐怖活动，从而危及民用航空安全。事实上，该公约给缔约国设立了一个简单的义务，即除非以规定的添加剂加以标识，否则要禁止和预防在其领土上制造塑性炸药；除非已经加以标识，否则要禁止和预防塑性炸药的进出口。

6. 2010 年《北京公约》和 2010 年《北京议定书》

2010 年《北京公约》和 2010 年《北京议定书》，诞生于 2010 年 8 月 30 日至 2010 年 9 月 10 日在北京举行的国际民用航空组织国际民用航空安保公约大会，也是民用航空史上第一个以中国城市命名的公约及议定书。两个法律文件的主要内容是将新出现的对航空运输安全构成威胁的犯罪行为予以刑事定罪，将联合国反恐公约体系中的许多既有的法律制度移植到公约和议定书中，进一步从实体法律和程序法的角度来完善国际航空刑法，以保障国际航空运输安全、持续、健康、有序发展。它们不仅弥补了之前航空安保公约存在的空白和不足，还关注了大规模杀伤性武器的非法运输问题，为实现国际民用航空的安全提供了强有力的法律保障，有效地保护了旅客和财产生命安全，促进了全球民用航空业的安全发展。

7.2.2 欧美航空安保法律法规

欧美作为世界上经济最发达的地区，航空运输已经成为大众交通运输方式。然而，由于在欧美等国家主导下的世界政治、经济秩序矛盾重重，使得这一区域成为恐怖势力发动恐怖袭击、制造重大影响事件的重点区域，而航空器则是恐怖分子的首选目标。为提高航空安保水平，欧美一直通过建立健全相应的法律法规来规范航空安保工作。

1. 美国航空安保法律法规

（1）国会立法

1961 年美国发生了三次飞机被劫持事件，同年美国国会对《联邦航空法》做出修改。修正案规定，任何以暴力，或暴力威胁，或任何其他威胁手段夺取、控制飞机的行为都构成劫机，可以被判处二十年监禁或死刑。1974 年，美国国会通过了《反劫机法和空中安保法》，要求制定有效的规定对所有旅客实施安全检查；1984 年的《反破坏飞机法》把美国法院对劫机行为的管辖权延伸到美国境外；1988 年 12 月 21 日，泛美航空公司的 103 航班在苏格兰的洛克比发生空难。这场灾难使得美国不得不重新评估自己的机场安保水平，并于 1990 年颁布了《航空安保提高法》，旨在提高美国国内航空安保水平的同时，着手提高美国以外的国家航空安保水平。

（2）FAA 航空安保规章

《联邦航空法》要求美国联邦航空局（Federal Aviation Administration，简称 FAA）制定规定和程序确保机场安全。据此，FAA 制定了 107 号令来规范机场安保运行措施，108 号令规范航空公司的保安措施，109 号令规范货运安保措施，以及 129 号令规范国外承运人的安保措施。

（3）"9·11"事件后的立法情况

虽然上述法律法规在一定程度上保证了民用航空安保情况良好，然而"9·11"事件的惨痛经历使得美国认识到自身航空安保系统存在严重的问题，并于 2001 年颁布了《航空和交通安保法》，其主要内容包括设立交通安保局、强化安全检查、发展联邦警察项目、发展私营公司安检服务、建立联邦检查员的资质标准以及为航空安保提供足够的资金支持。

2. 欧盟航空安保法律法规及做法

ECAC 是欧洲民用航空大会（European Civil Aviation Conference）的简称，该组织成立于 1955 年，其目的是推进欧洲航空运输系统安全、高效、持续发展，并充分考虑环境保护的要求。自成立以来，ECAC 取得的主要成就包括：

（1）ECAC30 号文件

又称欧洲航空安保手册，1985 年由 ECAC 根据《国际民用航空公约》附件 17 制定和颁布。经过长期发展，ECAC30 号文件的某些内容被附件 17 所采纳。"9·11"事件后，为适应新的安保形势，ECAC 对该文件进行了修改，主要内容有：确立了 ECAC 的航空安保审计和成员国机制；建立了航空安保主管机构；实行风险评估；制定安保计划。

（2）ECAC 机场安保审计项目

其主要目的是评价 ECAC30 号文件在指定机场的实施情况，确认需要改进的方面，为相应的主管机关提供建议和技术专家意见。

（3）ICAO-ECAC 欧洲航空安保培训学院

成立于 1994 年 11 月，主要承担研究和培训任务，向欧洲各国提供一系列的 ICAO 航空安保课程。

（4）协助一站式安保的发展

为了在 ECAC 各成员国内建立和谐的安保措施，1996 年的 ECAC 研讨会提出了建立 ECAC 共同安保区域，也称为一站式安保（One Stop Security，简称为 OSS），即只要旅客、行李、货物和飞机在 ECAC 任何成员国机场采取了安保措施，再通过任何其他成员国机场时，不必再接受重复检查。

"9·11"事件后，欧盟峰会和部长理事会要求推动立法。2002 年 12 月 16 日，欧洲议会和理事会颁布欧盟规章 2320/2002《统一航空安保标准》，在其成员国间建立了统一的航空安保标准，防止针对民用航空的非法干扰。该文件颁布后，欧洲航空安保水平的质量有了很大的提高。

7.2.3 我国航空安保法规规章

随着经济发展，我国已经成为航空运输大国。中国民航"十二五"发展规划中，指出我国将努力向民用航空强国迈进。为此，保证航空运输安全仍将是一项必要且长期的任务。目前，我国没有专门的航空安保法，其法律规范主要来自国际条约（见7.2.1），国内法律、法规和部门规章等不同层次的法律文件，其中比较重要的是：

1. 《中华人民共和国民用航空法》

这是建国以来第一部规范民用航空活动的法律，该法的颁布对维护国家的领空主权和民用航空权力，保障民用航空活动安全和有序地进行，保护民用航空当事人各方的合法权益，促进民用航空事业的健康发展，提供了强有力的保障。该法共有 16 个章节，181 个条款，对民用航空器国籍、权利、适航管理、航空人员、民用机场、空中航行、公共航空运输企业、通用航空、损害赔偿责任都做了分章规定，涵盖了民用航空活动的各个方面。其中，第 191 条至 199 条，以及第 212 条就追究非法干扰民用航空安全行为的刑事责任作了规定。

2. 《中华人民共和国治安管理处罚法》

它为维护社会治安秩序，保障公共安全，保护公民、法人和其他组织的合法权益，规范和保障公安机关及其人民警察依法履行治安管理职责，起到了积极的作用。其中涉及民用航空的有第 23 条、25 条、30 条和 32 条，涉及扰乱航空器上的秩序、劫持航空器、违反国家规定携带和处置危险品等违法行为。

3.《中华人民共和国民用航空安全保卫条例》

它对加强民用航空安全保卫，防止针对民用航空活动的非法干扰，保护旅客人身和财产安全以及正常的民用航空秩序起到了积极作用。该条例涉及民用机场的安保、民用航空营运的安保、安全检查、惩罚办法等。

4.《中国民用航空安全检查规则》（CCAR-339SB）

它是我国第一部对民用航空安全检查的原则、制度和方式、方法做出统一规定的规章，对旅客、货主和安检人员都具有普遍的约束力。

5.《公共航空旅客运输飞行中安全保卫规则》（CCAR-332）

它的宗旨在于明确公共航空运输企业、机长、航空安全员和其他机组成员对于安保工作的责任、旅客的权利和义务，规范航空安全员执勤程序，明确航空安全员执勤的各种标准；强化局方对飞行中安全保卫工作的监管力度，达到规范公共航空旅客运输飞行中的安保工作，保障公共航空旅客运输飞行中安保工作顺利实施的目的；在解决历史和现实问题的基础上，建立健全公共航空旅客运输飞行中安保管理工作的长效机制。

7.3 航空安保管理

7.3.1 航空安保工作的职责分工

1. 航空安保主管当局

（1）民航局公安局

民航局公安局主管民用航空保卫工作，负责起草民用航空安保的法律和法规，制定民航安保的国家基本政策，制定和发布民航安保的规章和标准。民航局公安局对民航安保工作实施统一管理、监督和检查，其主要职责体现在：

①确定和建立执行不同任务单位之间协调的方法和渠道；

②向机场管理机构、在我国境内运营的公共航空运输企业及其他有关单位，提供《国家民用航空安全保卫规划》有关部分的书面文本；

③审查并保持相关安保规划的有效性，包括在非法干扰行为发生后重新评价安保措施与程序，并弥补缺陷和采取必要的行动，以防止类似事件再次发生；

④审定机场、公共航空运输企业的航空安保方案；督促机场管理机构、公共航空运输企业保证其安保部门能够得到必需的辅助设施，包括办公地点、通讯设备、有关的安保设备和训练设施设备；

⑤确保民用航空基础设施与建筑的设计及建设符合航空安保的规定和标准，并将航空安保有关内容纳入机场的新建、改建和扩建；

⑥对机场管理机构、公共航空运输企业及其他相关信息单位的航空安保工作进行有效评估，查找并指出漏洞和缺陷，提出整改意见；

⑦收集、核实、分析关于潜在威胁和已发生事件的信息，负责针对民用航空安保工

作的威胁评估并部署分级防范工作；

⑧开发和推广使用先进的管理和技术措施，促进航空安保部门、机场管理机构和公共航空运输企业采用这些措施；

⑨按规定参与调查处理非法干扰民用航空事件、特大飞行事故或其他重大灾害事故。

（2）民航地区管理局

民航地区管理局负责航空安保法律法规和规章标准在本地区的贯彻执行，对违法、违章行为进行查处，其主要工作内容有：对辖区内的公共航空运输企业、机场管理机构等有关单位执行航空安保法规的情况进行监督和检查；按规定审查机场、公共航空运输企业的航空安保方案；对其他民用航空有关单位的安保方案进行审定并监督执行；搜集、了解和掌握航空安保的情报信息，分析并及时布置防范措施，根据需要报送信息、填报报表；负责辖区内各机场管理机构、公共航空运输企业预防和处置劫机、炸机或其他突发性事件的预案，对落实情况进行监督检查；按规定参与调查处理辖区内非法干扰民用航空事件、重大飞行事故或其他重大灾害事故；指导和监督辖区内民用航空安全检查工作；负责对辖区内的安全检查仪器设备和其他航空安保设施的复合型、良好性进行监督检查；指导有关单位根据相关纲要制定航空安保培训计划，并按规定进行审查批准；指导所属各民航安全监督管理局开展航空安保检查监督工作。

（3）民航安全监督管理局

民航安全监督管理局对辖区内有关单位执行民用航空安保法律法规和规章标准情况，实施日常监督检查。

2. 地方人民政府

地方人民政府应当依照航空安保法律法规和规章标准，制定具体规定、措施和程序，督促有关单位开展航空安保工作；按照责任分工对发生在辖区内的非法干扰事件进行处置。

3. 机场管理机构

机场管理机构对机场安保工作承担直接责任，负责执行航空安保措施，防止非法干扰民用航空的行为，其安保职责主要包括：根据国际航空安保法律、法规，制定机场航空安保方案，并按规定报民航局或地区管理局审定，确定方案的适当和有效；机场管理机构应当将机场安全保卫方案的有关部分分发给相关单位；机场管理机构应当设置并任命一名负责航空安保工作的副总经理，负责协调有关部门执行航空安保方案，并直接向机场总经理负责；建立健全航空安保质量控制体系，确保严格实行有关民用航空安保的措施，及时消除危及民用航空安全的隐患；依照要求成立机场航空安保委员会，并协调开展工作；依据国家航空安保法律、法规和规章的规定，设立安保培训机构并对员工进行定期培训；将安保需求纳入机场新建、改建或扩建的设计和建设中；发生非法干扰事件应当立即向民航局公安局和地区管理局报告并填报初始报告表，事件处理完毕后应当在20天内向民航局公安局和地区管理局做出书面报告并附最终报告表；利用机场媒体系统开展航空安保措施和程序的宣传；应当在候机楼内或其邻近处设置机场安保部门办公场地，并配备必要的通信设备及监控系统；设置安全检查部门，对机场的安全检查工作负责。

4. 民用航空安全检查机构

民用航空安全检查机构依照有关法律、法规，通过实施安全检查工作（如图 7.2 所示），防止危及航空安全的非法物品进入民用航空器，保障民用航空器及其所载人员、财产的安全；负责对乘坐民用航空器的旅客及其行李，进入机场控制区的其他人员及其物品，以及空运货物、邮件的安全检查；对候机隔离区的人员、物品进行安全监控。

图 7.2　机场安检场景

5. 公共航空运输企业

公共航空运输企业在航空安保工作中扮演重要的角色，其工作内容主要涉及到：对航空运输过程中的旅客、货物承担相应的安全保卫责任；应根据国家航空安保法律、法规，制定本企业的航空安保方案，经民航地区管理局审查后，报民航局审定，并确保方案的适当和有效，同时向所运营的机场管理机构提交其方案的有关部分；应当设置并任命负责航空安保工作的副总经理，负责协调有关部门执行航空安保方案，并直接向总经理负责；应当设置独立的安保机构，接受国家航空安保当局的行业管理，执行民用航空安保规定，具体负责本企业的航空安保工作；对驻派在本企业的空中警察实施管理，协调勤务派遣，管理航空安全员队伍；应当确保本企业承运或代理的航空货物实施了安全检查或航空安保主管当局认可的其他安保措施；应当与所运营的机场管理机构签订航空安保协议，并报民航地区管理局备案；发生非法干扰事件时，应当立即向民航局和地区管理局报告，并填报初始报告表，事件处理完毕后，应当在 20 天内向民航局和地区管理局做出书面报告并附最终报告表。

6. 机场公安机关

机场公安机关执行民用航空法规和规章，承担机场航空安保工作，接受国家安保主管当局的指导、检查和监督，其具体职责包括预防及侦破危害民用航空安全和机场范围内其他形式的犯罪案件；对机组、空中警察、安全检查机构及其他有关部门移交的非法干扰事件或事项进行查处；承担安全检查现场执勤，维护安全检查现场秩序；维护机场范围的道路交通（不含飞行区）和治安秩序；监视进、出港旅客中可能对航空安全构成威胁的人；与机场管理机构、公共航空运输企业、安保服务机构等共同制订应急预案，以应对并控制劫持、破坏、爆炸或其他威胁，如地面攻击和治安骚乱等；参与处置非法干扰民用航空的事件，协助人质谈判和排除爆炸装置等方面的专家并提供技术设备支持；为发生在机场的重大事件提供快速武装反应；对其工作人员进行航空安保实践和程序方面的培训；收集上报航空安保信息。

7. 空中警察和航空安全员

民航局向公共航空运输企业派驻空中警察，空中警察由民航局公安局和公共航空运输企业双重管理，以民航局公安局领导为主。航空安全员是指在民用航空器中执行航空安保任务的空勤人员。公共航空运输企业应当配备航空安全员，航空安全员在业务上接受民航局公安局的领导。民航局统一负责航空安全员资格审查及其执照的颁发与管理工作。

民用航空器飞行中的安保工作由机长统一负责，空中警察和航空安全员在机长领导下，承担安全保卫的具体工作，他们的主要职责是：对民用航空器客舱实施安全检查；在民用航空器起飞前，发现所载旅客、行李、物品未经过安全检查，或者发现危及航空安全的情况时，应当建议机长暂缓起飞；维护民用航空器客舱内秩序，及时制止危及航空安全的行为；制止未经批准的人员进入驾驶舱；依法对民用航空器所载的可疑人员和行李物品进行检查；防范和制止劫持、爆炸、破坏民用航空器等违法犯罪行为及其他非法干扰民用航空活动的行为；协助有关部门做好被押解对象和被遣返人员的看管工作；空中警察和航空安全员携带武器执行国际或地区航班任务时，应当遵守到达国家或地区的有关规定，或者按照双边协定执行。

8. 机长的职责

机长在履行职务时，可以行使以下权力：在民用航空器起飞前，发现在有关方面民用航空器未采取规定的安全措施，拒绝起飞；在民用航空器飞行中，对扰乱民用航空器内秩序，干扰机组人员正常工作而不听劝阻的人员采取必要的管束措施，并且可以在中途停经站强制其离机，中止其旅行；在民用航空器飞行中，对劫持、破坏民用航空器或者其他危及安全的行为，采取必要措施；在民用航空器飞行中遇到特殊情况时，对民用航空器的处置做最后决定。

9. 军事部门

军事部门（如武警）有时会根据需要参与到航空安保当中来，在这种情况下，应当明确其职责：当武警部队承担机场道口、围界守护和航空器监护等任务时，机场航空安保方案中应当明确其职责范围；军民合用机场控制区的安全管理应当明确划分责任，并在机场航空安保方案中列明；军事部门在机场安保工作中发挥重要作用时，机场航空安保委员会中应当有其代表；军事部门在处置非法干扰事件中的职责，具体有《国家处置劫机事件总体预案》规定。

10. 机场租户

机场租户包括机场管理机构通过特许经营或其他书面协议，允许其在机场范围内从事经营活动的企业或个人，如专营商店、饮食机构、维修机构等。机场租户应当履行相关安保方案所规定的责任，教育员工严格遵守民用航空安保法律、法规和规章制度。每个机场租户，凡所租地块构成控制区与非控制区界线的一部分的，应当配合机场管理机构对通过其设施进出的人员和物品实施控制，防止未经授权和未经安全检查的人员、物品进入控制区。凡在候机隔离区内经营的租户必须通过机场安保主管部门的审查，接受其监督和检查，并向机场公安机关备案。另外，机场租户的安保责任应当在机场航空安保方案中列明。

7.3.2 航空安保工作重点实施对象

1. 机场控制区的安保

民航局公安局负责拟定机场控制区管理规定和防护设施标准，并指导、监督实施。机场控制区应当有严密的安保措施，实行封闭式分区管理。根据安保需求，机场控制区可划分为候机隔离区、行李分拣装卸区、航空器活动区和维修区、货物存放区等，并分别设置安全防护设施和警示标志。机场还应当设立收到爆炸物等威胁的民用航空器和可疑货物、行李的安保隔离停放区。另外，对关系到机场运营的要害部位，也要实施相应的安保措施，它们是区域管制中心、航管雷达站、导航站（台）、甚高频地对空天线、机场加油设施、机场主备用电源等。

机场管理机构应当保持机场控制区处于持续良好状态，并且符合《民用航空运输机场安全保卫设施标准》的要求：机场控制区通道口的数量应当尽量减少，通道口应当具有与围界同等隔离效果的设施保护；直接通往机坪的控制区道口，应当安装安检设备和防冲撞设施。进入机场控制区的设施设备和人员应当符合标准，采用通行证制度加以控制，防止未经许可的人员和车辆进入。

机场控制区道口值守人员应当对工作人员进出机场控制区携带的工作器材进行登记，对控制区内的餐厅等单位所使用的刀具登记造册，对控制区内的商店、餐厅等单位所进物品进行安全检查。

2. 航空器的安保

正常情况下，航空器停场期间一般应由专人看护，防止非法接近。航空器监护部门、机务维修部门、武警守卫部队等单位之间应当建立航空器地面看护的交接制度。飞行前，公共航空运输企业应当对航空器进行清舱（安保检查），排除可疑物品或人员，对清舱情况进行记录备案。

当怀疑航空器成为非法干扰行为的目标时，机场管理机构应当通知公共航空运输企业和其他相关部门；机场安检部门和公安机关对航空器进行搜查。当怀疑航空器可能在地面受到攻击时，机场管理机构应当尽快通知公告航空运输企业和其他相关部门；应当采取机场应急处置预案中规定的措施保护航空器。

3. 机场非控制区的安保

机场公安机关应当保持适当的警力对机场候机楼和公告活动区实行巡逻。干线以上机场还应当设立闭路电视监控系统，以保证该区域始终处于安保监控之下。

为防止可能被用于非法干扰行为的旅行证件被盗，出票柜台及其他办理登机手续的设施，其结构应能防止旅客和公众进入工作区。所有客票和旅行证件如登机牌、行李标牌等必须随时保护，防止被盗或滥用。候机楼广播、电视系统应定期通告，告知旅客和公众应遵守基本安保事项和程序。

小件物品寄存场所一般应设置在候机楼外；如在楼内，寄存物品应当通过安全检查。保洁员等工作人员应当注意对候机楼内卫生间、垃圾桶等隐蔽部位的检查，发现可疑物品应当立即报告机场公安机关。

4. 旅客与客舱行李的安保

对乘坐国内航班的旅客及其客舱行李（除符合免检规定的人员外）全部进行安全检查，对乘坐航班的旅客应核对其有效乘机凭证和有效旅行证件，以确定证件与本人相符。

机场要划定旅客候机隔离区，限制旅客自由进出。凡进入隔离区的旅客都要经过安全检查。在旅客候机隔离区入口处设置安全检查通道对旅客和客舱行李实施安全检查。旅客和客舱行李的安全检查由机场安全检查站依照有关法律、法规实施。检查方式可采用安全检查仪器结合手工检查的方式。

5. 航空货物的安保

航空货运的所有货物、信使急件、快件和邮件（即航空货物），在装机前必须经过安检或者其他安保控制措施。

为应对威胁航空货物安全的行为，航空公司及其代理人应制定切实可行的安保程序，其中要遵循三大原则：一是载运航空货物的航空器必须在安全环境中运营；二是全部航空货物必须接受一定程度的安保管制，然后才能装上载运旅客的航空器，要尽最大努力筛查不能立即确定的托运货物；三是托运航空货物安保放行后，必须保护其不受干扰。

6. 机上供应品及配餐供应品的安保

机上供应品是指除配餐供应品以外的与旅客空中服务有关的一切物件，如报纸、杂志、耳机、音像带、枕头、毯子、化妆包等。配餐供应品指航空器上所用的一切食物、饮料和相关设备。

为防止武器、爆炸物和其他危险装置混入航班配餐供应品和机上供应品，公共运输企业及其授权的经营代理人应当确保配餐供应品及其他供应品在准备、存储和发送期间实行安保措施，保证无危险装置或武器混入；确保配餐及其他供应品在运输和交付给有关航空器期间采取安保措施，保证货运安全；确保航空公司经营人收到托运的配餐供应品后立即采取安保措施，保证将其妥善装上指定的航班，未经授权人员不得接触。

7. 空中安保

公共航空运输企业负责其运营的航空器在飞行中的安保工作，保护航空器、所载人员和财产的安全，维护航空器内的良好秩序和纪律。机长经公共航空运输企业指定，在飞行时间内对航空器的运行和安全负最终责任。持有有效的航空安全员执照的空中安保人员，在民用航空器中执行安保任务。其他机组成员应服从机长的统一指挥，按照分工，协助机长和空中安保人员妥善处置飞行中出现的非法干扰行为或扰乱性旅客。

另外，除执行检查任务的局方指定的检查员，局方授权的其他人员或公共航空运输企业授权的其他人员以外，任何人不得进入飞行中的航空器的驾驶舱。机组应注意锁闭驾驶舱门，客舱的安保人员应注意旅客动向，阻止非机组人员进入驾驶舱，并做好应急处置准备工作，保护好驾驶舱不受侵害。

7.3.3 航空安保质量控制

航空安保质量控制是实施航空安保措施的关键组成部分，是保证有效的安保方法持续实施的手段。制定和实施质量控制制度，可以确保质量控制计划连续有效。质量控制程序包括航空安保人员的招录程序、背景调查程序、航空安保检查程序、内部测试和评估程序、航空安保调查程序以及处罚执行程序等。

1. 航空安保检查

机场航空安保委员会办公室负责定期对机场各部门的航空安保工作进行监督检查，各部门也应定期对其航空安保工作进行监督检查。安保检查的内容以相应安保方案中规定的安保措施落实、培训计划实施、设施设备运转、程序和标准执行等为主。安保检查前要制定检查计划，制作检查单，检查结束后要出具书面的检查结果，并提出相应的纠正措施，由机场安保委员会办公室或本部门相关机构监督整改。

2. 航空安保测试

航空安保测试是指通过模拟非法干扰行为，公开或秘密测试航空安保措施，例如把无效爆炸装置或武器藏在行李中或旅客身上，有针对性地模拟非法干扰行为，测试航空安保措施。测试可分为针对人员的测试和针对设备的测试，其特点是经常性地定期执行、事前不会通知对方、时间短、目标数目有限等。

3. 进行航空安保测试要遵循的原则

首先，测试应仔细计划，以消除被误认为真攻击的可能性而避免造成工作中断和有关人员遭受伤亡的风险。其次，测试要合乎国家法律，不危及人的安全，不危及航空器或机场设施安全，不损坏财产，不惊扰大众和不受测试人员或组织，包括警察当局及其他安保机构。最后，测试要有授权，需要采用正式制度或规程，将测试计划的地位，授权、执行人员的法律地位和所用测试物品通知民用航空系统有关方面。这一点在测试物品被发现时尤为重要，以便保证测试组人员不被认为是非法干扰行为的真正实施者。

4. 航空安保考察

航空安保考察是对安保需求的评估，包括指出可能成为非法干扰行为的薄弱环节，并且推荐使用改善措施。考察可以根据各个机场的实际情况适时进行。

7.3.4 航空安保审计

航空安保审计提供了一种规范化、标准化、程序化的管理理念和管理方法，正成为民用航空安保的重要手段。目前，航空安保审计主要是国际民用航空组织对其缔约国的安保审计，以及各成员国内部的安保审计。

国际民用航空组织航空安保审计是以《国际民用航空公约》附件 17 为依据的，定期对各缔约国进行审计，确定其实施国际民用航空组织安保标准，目标是加强航空安全。"9·11"事件后，国际民用航空组织建立了一个特别涉及机场安保安排和民用航空安保计划的普遍安保监督审计计划（Universal Security Audit Program，简称 USAP）。作为民用航空大国，为了更好地向国际社会展示我国在民用航空安保领域做出的努力，加快推行国际标准，迅速提升航空安保水平，我国作为首批被审计的国家接受国际民用航空组织航空安保审计。

我国的航空安保审计是对被审计单位的航空安保系统进行全面、客观的检查，以核实其持续有效地执行《国家民用航空安全保卫规划》各项规定的情况。根据这一原则，我国的航空安保审计遵守强制性、普遍性、系统性、一致性、公正性和行业内公开的原则。

2005 年以来，全国共有 90 多个民用机场接受了航空安保审计，普遍提高了这些机场的组织管理能力、运行控制能力、安防设施能力，航空安保意识深入人心。国际民航组织认为中国民航的安保质量控制和安保监管系统是国际民航组织各缔约国中最具成效的系统之一。当前，中国民航正在重点针对加强质量控制方面推行行政问责制和责任倒查制，建立了包括安保审计、安保检查、安保考察、安保测试等在内的一套完整的航空安保行政监察体系。航空安保审计通过上述方法对审计单位组织机构和管理、控制区管理和通行管制、旅客与手提行李安保、托运行李安保、航空器与飞行中安保、货物安保、配餐与机供品安保、对非法干扰行为的反应与应急安排、安保设备、人员培训等 10 方面内容进行审计，所审计的内容涵盖了民用航空安保工作的全部要素。通过审计，按照规定需要给被审计单位一个总体审计结论，目前审计结论定为三类，即符合、基本符合但需改进和不符合。

7.4 航空安保应急处置

7.4.1 航空安保应对措施概要

1. 应急原则

航空安保应急处置主要是指应对非法干扰行为所引起的突发性事件。民用航空行政管理部门、地方人民政府、军事部门、公共航空运输企业、机场管理机构、机场公安机关以及机场租户应当根据国家有关预案制定各自的航空安保应急处置预案，装备通信系统，向工作人员发布指令并进行培训，以便应对发生在我国、影响我国以及可能对我国民航安全产生不利影响的非法干扰行为。航空安保处置的基本原则是：尽量保证遭受非法干扰行为的航空器滞留于地面；旅客和机组的安全获释是最高目标，应当优先于一切考虑；当生命、财产受到严重威胁时应当采取有效措施，以防止产生损失和伤害或尽可能将损失和伤害减至最小；谈判始终优先于武力的使用，直至没有继续谈判的可能性。

2. 组织机构

航空安保应急处置应对机构主要有民航局、机场管理机构、公共航空运输企业、民用航空行政管理部门、地方人民政府、军事部门、空中交通管制部门等。

民航局按照《国家处置劫机事件总体预案》制订实施方案，并负责该实施方案在民航系统的贯彻落实。机场管理机构和公共航空运输企业应当制定应对非法干扰行为的应急处置预案，保证能够得到实施预案所需的资源、设备以及人员方面的支援。

民用航空行政管理部门、地方人民政府、军事部门、公共航空运输企业、机场管理机构、机场公安机关及机场租户应当为传递有关非法干扰行为的机密信息制定标准程序，其中应当包括保证不得擅自将信息泄露给媒体或可能危及民用航空安全的任何人。

空中交通管制部门应当对受到非法干扰的航空器提供优先服务。机场管理机构应当保证机场对受到非法干扰的航空器保持开放并供其使用。民用航空行政管理部门、公安机关、军事部门、公共航空运输企业、机场管理机构有义务为受到非法干扰的航空器上的旅客和机组的安全采取适当的措施，直到其能够继续旅行。

3. 应对分级

民航局根据监测到的对民用航空可能发生的非法干扰的信息发布威胁警报。威胁警报分为高度威胁（一级）、严重威胁（二级）、中度威胁（三级）、轻度威胁（四级），依次使用红色、橙色、黄色和蓝色表示。

机场管理机构和公共航空运输企业应当按照《民用航空威胁警报处置规定》的要求，根据威胁警报等级，启动相应级别的安全保卫措施。

4. 先期处置

当相关部门收到表明即将发生、正在发生或已经发生的非法干扰行为的信息时，所有单位应当按照各自预案采取相应行动。这些行动应包括向有关方面传递信息、评估信息，并与有关方面商定行动计划。收到信息的机构负责尽可能多地收集和记录此信息的相关资料，并对该事件做出正确的评估。

5. 应急指挥

根据威胁警报的等级，分别启动国际、地方、机场的应急处置预案，并按照应急预案采取进一步行动。对于发生在我国境内的带有政治性目的恐怖性劫机或爆炸等严重非法干扰行为的指挥，由国家处置劫机事件领导小组组长或由其授权的副组长实施；其他干扰行为的处置由民航局或其授权的人员负责实施。

负责启动应急处置预案的机构应当负责对应急处置中心的设施、设备进行定期维修测试，确保其始终处于良好的工作状态。当非法干扰行为涉及航空器时，该行动指挥通过下列程序完成：

（1）受到非法干扰的航空器在飞下阶段或着陆后到停止期间，或从未起飞滑行起直到离开我国管制空域期间，指挥协调工作通过民航空中交通管制部门实施；

（2）受到非法干扰的航空器从着陆滑行起，直到事件结束或航空器重新起飞开始滑行止，指挥协调工作通过着陆地机场应急指挥中心实施。

在航空安保应急处置中，应成立应急指挥部，其主要职责是决定事件处置决策和应对措施，指挥、协调相关市（县）人民政府，省政府有关部门、单位组织实施；决定事件的信息发布、舆论引导、中外记者采访等新闻工作重要事项；研究解决事件处置过程中的其他重大事项。

事发地公安机关还应根据实际情况和本单位应急处置工作预案成立现场应急指挥部和相关处置机构，包括指挥信息组、警戒组、制敌防爆组、调查取证组、谈判组等：

（1）指挥信息组：协助公安局总指挥处置突发事件的指挥、部署。全面收集最新情况和及时准确传递信息，并向上级机关汇报。

（2）警戒组：按信息指挥组的要求做好现场警戒、封控和掩护工作。负责封闭、保护现场，控制现场秩序，抢救伤员和保护财产，及时疏散旅客，维护现场车辆、人员秩序。必要时，掩护制敌防爆组开展行动。在后期调查取证阶段，参与调查取证工作。

（3）制敌防爆组：按信息指挥组的要求做好工作。负责控制局势，及时制服歹徒，搜捕在逃嫌疑人，及时排除爆炸物。负责对现场进行勘察，收集相关证据，确定事件性质。

（4）调查取证组：负责各种事故的调查取证工作及鉴定工作。

（5）谈判组：负责现场谈判工作。

6. 信息传递程序

各单位和现场执勤人员发现紧急情况，可以越级先向上级报告，然后再按程序逐级报告。各单位传递信息要迅速、准确。得到信息后，要选用最快的通讯工具做初次报告，并将随后了解到的情况及时续报。情况不明的，在初次报告后要主动联系查清。凡与初次报告的情况有出入的，核实后必须立即续报更正。初次报告内容应该包含：遇劫飞机的机型、编号、航班任务、航班号以及所属航空公司；遇劫时间、航段和空域；旅客、机组人数（机长和安全员姓名），有无要客；犯罪嫌疑人人数、性别、作案工具、手段、有无进入驾驶舱，劫机目的地；遇劫飞机目前所处的位置，已采取的措施。

7. 现场应急指挥处置程序

现场应急指挥处置程序将根据指挥信息组、警戒组、制敌防爆组、调查取证组、谈判组的职能不同，采用不同的应急程序。

（1）指挥信息组处置程序

①接警后，由指挥中心负责事件初步报告内容的记录（电话录音），包括：事件性质、信息来源、发生时间、地点、机型、航班号、飞机号、始发地、目的地、准备降落地、机上旅客及机组人数、机上是否有重要旅客、所采取的措施、报告时间、报警人姓名；

②指挥中心迅速向应急指挥部、民航局公安局、管理局公安局按信息传递程序报告;

③公安机关总指挥发出全体紧急集结的指令,调集所有警力,携带必要武器、装备,迅速赶赴现场;

④在现场指挥部的指导下,负责组织、协调各单位展开行动。负责进行现场记录、录音、录像等工作,并协调各部门武器装备;

⑤结束后,立即总结、整理突发事件处置过程的情况,及时向上级汇报。

（2）警戒组应急处置程序

①接到报警后,迅速征集停车场车辆赶往集结地点运送参战干警;

②到达现场后在组长的指令分工下,立即封闭突发事件现场,根据突发事件现场或被劫飞机位置在 100 米范围内设置现场警戒包围圈,对警戒区实行戒严,了解地形地貌,封闭进入现场的各条路口,设置必要的路卡、障碍,禁止无关人员、车辆进出机场或事故现场;

③交警队负责事故现场所在地各种车辆的调度指挥,疏导交通,保障救援道路畅通;

④警戒人员负责对警戒区内的要害、隐蔽部位进行搜查,以便排除险情和获取证据;

⑤保护现场和遗留物,协助清理、登记和核对伤亡人员的人数、姓名和身份;

⑥协调驻场警卫中队和安检站监护队,加强对地面停放飞机的监护,制止歹徒破坏飞机和强行登机;

⑦协助制敌组完成制敌、押解和抢救伤员任务;

⑧除经上级批准,禁止任何新闻单位进入现场采访;

⑨进行现场调查访问,获取相关的证据材料。

（3）制敌防爆组应急处置程序

①接到报警和现场指挥部的命令后,立即携带武器、装备、设备赶赴现场;

②根据现场地形、地物、歹徒人数及武器种类,制定战斗方案,做好一切准备工作,随时准备出击;

③迅速根据现场情况对可能藏匿爆炸物的部位进行仔细搜查,如发现爆炸物或可疑物品,要立即报告,请爆破专家来排爆或转移至安全地带;

④发现未引爆的爆炸物要疏散人群请爆破专家处置,绝不能妄动爆炸物。在情况紧急时,如能整体移动的,可将其移至防爆箱内,然后移至安全地带;

⑤注意事态发展,防止歹徒铤而走险或逃窜。如已逃跑,迅速判明逃跑方向,立即组织力量追捕;

⑥及时与安检站联系,对旅客手提、托运的行李物品进行仔细、全面的安全检查;

⑦负责向防爆技术人员介绍情况,并协助处置好爆炸物;

⑧立即与机场货运部门联系,对库房、货物实施全面安全检查。

（4）调查取证组应急处置程序

①按现场指挥部要求做好工作，负责火灾事故调查，确定火灾原因，计算火灾损失，重大火灾报消防局；

②负责对事件现场进行勘察，对非法干扰行为人及权益受侵害人等证人的证言进行收集；做好现场笔录、勘察笔录、鉴定结论。

（5）谈判组应急处置程序

①谈判原则和战术由现场指挥部确定，重大事项请示总指挥审定；

②在谈判过程中，不断研究和分析恐怖分子的企图及个性特征，根据谈判的进展情况，随时调整谈判方案。要运用技巧，争取全部或部分人质获救，努力和平化解危机。即使无法和平解决危机，也要通过谈判拖延时间为武力攻击创造最佳时机和条件。

7.4.2 典型航空安保事件应急处置

1. 飞机在机场遇劫的应急处置

机场派出所接到劫机信息后，要立即派出人员查清该航班旅客的情况（包括旅客人数、中外籍旅客、华侨、港澳台同胞各多少，姓名、身份、身份证号码，有无重要客人），并报告当日值班局领导。信息指挥组用最快的方式将机组、旅客名单（包括国籍、单位、职务、身份证号码、座位号）报告民航局公安局、管理局公安局、地区公安厅指挥中心。

如确定嫌疑人，应立即派人到该航班值机柜台调出该嫌疑人的旅客乘机联，并将其传真到售票处派出所。

接到有关劫机嫌疑人的情况通报后，售票处派出所要立即查明其身份证号码、工作单位、籍贯、住址、有无同行人等情况，并立即上报公安局值班领导，信息指挥组将劫机嫌疑人的情况优先直报民航局公安局。

警戒组立即对隔离区管理、安检现场执勤和航班监护等相关情况进行调查了解；迅速对该航班安检情况进行调查，查清安检部门有无责任，并在 24 小时之内将初步调查情况报告民航局公安局。如劫机犯罪分子携有武器、爆炸物、利器等作案工具，应查清其如何将工具带上飞机的，以及有无内外勾结问题。

2. 遇劫飞机降落或遇劫飞机可能降落机场时的应急处置

（1）当飞机上劫机犯罪分子尚未被制服时

当获悉遇劫飞机可能在本机场迫降时，应立即按照本单位应急预案做好各项准备，封锁机场控制区，撤离无关车辆和人员，视情疏散候机旅客等人员，及时向上级机关报告。

各应急小组按预案立即进入各自岗位，现场指挥员时刻保持与指挥中心的联系，尽量弄清犯罪嫌疑人的人数、位置及作案工具等有关情况，及时调整行动方案，并争取与机组取得默契。

当遇劫飞机迫降后，应建议将其引导停放在远离机群、候机楼、居民聚居区、油库，并有利于随时采取行动的地点；各警种应按分工迅速隐蔽包围飞机，封锁跑道。制敌组可借给飞机加油、补充电源、清洁卫生、提供食品、检修飞机等为掩护接近飞机，随时待命出击。

当劫机犯罪分子挟持人质或确实携有爆炸物品时，不得盲目发起攻击，应通过谈判等手段规劝、麻痹犯罪分子，以寻找战机。当犯罪分子残害人质或欲爆炸飞机时，在现场指挥员请示上级领导得到批准后，制敌防爆组应立即发起强攻，消灭劫机犯，解救人质。强攻应尽可能地做到出其不意，力争首次突击奏效，把伤亡和损失减少到最低程度。

发起攻击的同时，要迅速组织旅客撤离飞机并作好灭火、救护准备。劫机犯被制伏后，各组应立即行动，搜查、排爆和现场勘察、调查取证。

（2）当飞机上劫机犯罪分子已被机组制服时

当飞机降落后，制敌防爆组立即登机将犯罪分子押解下飞机，同时各组密切配合迅速疏散旅客，随后登机开展工作。

（3）当遇劫飞机降落后

遇劫飞机落地，犯罪分子被制服后，或遇劫飞机从境外返回落地后，要在指挥中心领导和上级公安机关的统一指挥下，积极同民航内外有关单位密切协作，竭尽全力完成分管任务。

对劫机犯实施拘留，立即进行审讯。审讯的主要内容为：劫机目的、动机，空中劫机过程、时间、手段，作案工具如何带上飞机，预谋时间、过程、知情人，作案工具来源，有无前科、同谋等。在审讯过程中，重要情节要录音、录像。

勘查现场，搜集罪证。彻底清查犯罪分子在作案现场的遗留物；查清其携带武器、爆炸物或利器等犯罪工具的（包括真假、数量、型号）详细情况；清理其行李物品及随身携带物品，逐件进行登记；检查飞机受损情况。在勘查中应进行录像、拍照。

询问旅客，访问机组。按照民航局公安局制发的笔录项目逐项填写，并交本人检查无误后签名。

3. 飞机上发现爆炸物的应急处置

警戒组立即以停机位置为中心在 100 米外设置警戒圈实施戒严，严禁无关人员、车辆接近飞机。

制敌防爆调查组按计划登机，组织机上旅客迅速疏散到安全地带，注意观察发现混在旅客中的犯罪分子和行迹可疑的人，一旦发现当即扣留，进行突击审问，重点查找其同伙及放置爆炸物的部位和数量；协调安检站及客运部门对机上旅客及其随身携带的行李物品实施安全检查；协调安检站把旅客托运行李转运至安全地带，点清件数。为防止发生问题，以手工就地检查为主进行详细检查，并详细记载检查件数及发现的问题，负责检查后行李的监管和交接工作。

由警戒组监视，将机上货物运至安全地带。

制敌防爆组协助爆破专家和有关部门对飞机各部位进行搜查，发现和排除藏匿在机上的爆炸物。如爆炸物可整体移动，要立即将爆炸物移至安全地带。

警戒组要维护好场内的秩序，注意发现可疑的人员、车辆，一旦发现立即扣留。

4. 飞机在机场或附近失事、爆炸的应急处置

警戒组立即以失事位置为中心在100米外设置警戒圈，实施戒严，严禁无关人员、车辆接近飞机。同时迅速疏散旅客，抢救财物。

制敌防爆组在组织机上旅客疏散到安全地带的同时，注意观察发现混在旅客中的犯罪分子和行迹可疑的人，一旦发现立即扣留，进行突击审问，重点查找其同伙及放置爆炸物的部位和数量。

警戒组要协调安检站及客运部门把旅客托运行李转运至安全地带，点清件数，为防止发生问题，以手工就地检查为主进行详细检查，并详细记载检查件数及发现的问题，负责检查后行李的监管和交接工作。

制敌防爆组协助爆破专家和有关部门对失事飞机各部位进行搜查，发现各类证据，排除藏匿在机上的其他爆炸物。

5. 发生外来人员冲击机场的应急处置

值班民警发现问题或接警后，立即报告机场指挥中心，通知护卫中心关闭停机坪大门，防止无关人员进入控制区，并立即向公安局指挥中心报告。指挥中心立即指挥各个组向事发现场集结。

派出所、治安科和刑警队、巡警队值班民警要先行到达现场，视事态的发展与指挥中心保持联系。指挥中心同时调整公安局现有警力赶赴现场警戒，可根据情况设置警戒线阻止闹事人群冲进控制区或接近飞机；维护现场秩序，了解情况，稳定群众情绪，劝阻和疏散人群，做好先期处置工作。

对有打、砸、抢、烧等严重违法犯罪行为的，根据值班领导的指令，迅速集结全局警力，可采取适当强制措施，确保飞机及其他重要设施的安全。必要时指挥中心可通知警卫中队支援。

6. 机场发生爆炸事件的应急处置

警戒组立即以现场为中心在100米外设置警戒圈，实施戒严，严禁无关人员、车辆接近飞机。同时迅速疏散旅客，抢救财物。

制敌防爆组、调查取证组在组织旅客疏散到安全地带的同时，注意观察发现混在旅客中的犯罪分子和行迹可疑的人，一旦发现立即扣留，进行突击审问，重点查找其同伙及放置爆炸物的部位和数量。

警戒组派人协同警卫连立即封闭机场，疏导场区内的各种车辆，维护现场秩序，确保畅通。同时注意控制无关车辆进出，对出场车辆、人员进行严格排查。

7. 机场发生聚众闹事等群体性事件的应急处置

警戒组立即赶到现场设立警戒区，控制事态发展。本着"可散不可聚，可解不可结，可顺不可激"的原则，区分性质，把握分寸，做好说服劝导工作，努力为旅客提供方便。

通知消防队集结待命，必要时迅速赶到现场用消防水龙驱散人群。

制敌防爆组、警戒组和调查取证组对因航班延误无理取闹，出现打骂工作人员，损

坏公物，强行登、占飞机等违法行为的旅客要采取强制措施，及时控制局势。

　　信息指挥组和谈判组要加大对非法干扰事件的违法行为实施处罚的宣传力度，采取多种形式对广大旅客进行宣传教育。

　　8. 降落或将要起飞的飞机上发生旅客突然伤亡事件的应急处置

　　信息指挥组接到报警后，立即与机场医疗部门取得联系，通知警戒组立即赶到现场设立警戒区，禁止无关人员进入警戒区域。制敌防暴组对现场进行勘查。支援医疗救护部门开展救护工作。调查取证组开展调查取证工作。信息指挥组将整个活动展开情况向总指挥汇报。

参考文献

[1] 刁伟民. 航空保安 [M]. 北京：中国民航出版社，2008
[2] 车彤. 试论民用航空安保执法权界定 [J]. 西南石油大学学报，2009-2 （4）：64-68
[3] 中国民用航空局公安局. 《国家民用航空安全保卫规划》[R]. 2006
[4] 黑龙江省政府《处置劫机事件应急预案》[R]. http：//www. aqtd. cn/yjya/HTML/141550. html

第8章　航空油料安全管理

8.1 概述

航空油料是航空业不可或缺的重要组成部分，它直接为航空器的飞行提供能源，是航空器能够安全飞行的重要保障。也有人把航空油料比作航空业的血液，可见航空油料对于飞行安全具有重要意义。

8.1.1 航空油料及其分类

当前航空油料主要分航空燃油、航空润滑油和航空液压油三大类，属飞机用一类功能材料。航空燃油是燃气涡轮发动机用燃料，航空润滑油是发动机润滑系统工作液，航空液压油是飞机液压系统工作液，正确合理地选用这些材料对保障飞机安全飞行有着重要意义。

1. 航空燃油

随着航空工业和民航事业的发展，民航大型客机的动力装置逐步被涡轮喷气发动机代替。因此，当前航空器所使用的航空燃油主要为喷气燃料。喷气燃料又称航空涡轮燃料，是一种轻质石油产品。我国喷气燃料现有四个品种：3 号喷气燃料、宽馏分喷气燃料、高闪点喷气燃料和大比重喷气燃料。3 号喷气燃料属典型的煤油型燃料，适用于各种类型的燃气涡轮发动机，是我国目前产量和用量最大的喷气燃料。宽馏分喷气燃料，由于包含了部分汽油馏分，可提高燃料产量，但使用安全性差，因此生产较少。高闪点喷气燃料属重煤油型，主要用于舰载飞机和直升机，还用于涡轮发动机及其部件的研制开发、试验和鉴定等，其主要特点是闪点高、安全性好，但原料来源少。大比重喷气燃料也属重煤油型，其特点是体积热值高，可以延长飞机续航时间，适用于高高空和高超音速飞机飞行。

2. 航空润滑油

目前，航空润滑油以合成酯类油为主。酯类油分为低粘度和中粘度等级。低粘度油属空军用油，能满足 $-54℃$ 的低温启动要求，主要用于涡轮喷气发动机；中粘度油属海军用油，还被民航飞机选用，只能满足 $-40℃$ 的低温启动要求，但高温性能优于低粘度油，主要用于涡轮风扇和涡轮轴发动机。我国的低粘度油有 4109 号合成航空润滑油和

4010 号合成航空润滑油，4010 号在低温性能和高温性能方面比 4109 号有明显的提高。中粘度油有 4106 号、4050 号和 925 号合成航空润滑油。

3. 航空液压油

航空液压油是主要用作航空液压系统传动机构的工作液，也是各种要求较高的液压机械的理想工作介质，具有良好的高低温性能、粘温性、抗剪切性、氧化安定性和液压传递性能，使用温度为 −54℃~135℃，抗氧化安定性可满足各种新型飞机液压系统的使用要求。

8.1.2 航空油料与航空安全

飞机发动机燃料系统的构造本身常常成为各种事故的原因，它对燃料的质量水平极其敏感，航空油料的品质与航空安全也是密不可分的。

1. 喷气燃料质量对飞行安全的影响

对发动机可靠性和寿命的严格要求，使得喷气燃料需具备以下使用性能要求：

（1）喷气燃料在发动机的各种工作温度状态下，不能在燃油系统产生沉积物。燃料系统内沉淀物和航油中产生的胶质状沉积物能破坏活门、开关及燃料调节机件的工作，影响飞行安全。

（2）喷气燃料的腐蚀性能要最低，以保证发动机工作的可靠性和耐久性。

（3）喷气燃料的抗磨损性能要好，以保证摩擦部位的正常工作。燃料的抗磨损性能对航空技术装备工作的影响是较为明显的。

（4）燃料内不能含有水分、机械杂质、微生物以及其他污染物。燃料被污染以后，会造成飞机发动机燃油系统部件腐蚀，导致系统不能供油或供油不足，严重时可使飞机发动机停车，直接危及飞行安全。

2. 润滑油对航空安全的影响

航空润滑油在通过润滑系统对发动机的润滑部位进行有效润滑的同时，带走大量的被润滑部件吸收的来自燃油燃烧的热量，使发动机保持在一定的温度下稳定工作。因此，润滑油在循环过程中，需要经历吸热、升温、氧化、冷却不断循环往复的过程。在这一过程中，油品就产生了蒸发、结焦、腐蚀等反应倾向，这就可能对发动机的正常运行造成影响，润滑油内的污染物也会导致发动机等部件磨损、损坏。

3. 润滑脂对航空安全的影响

航空润滑脂在飞机和发动机的操纵系统、起落架摩擦部位、陀螺仪表、航空仪表、电子设备和无线电设备中都有着广泛应用。据统计，飞机 90% 左右的部位是使用可塑性润滑脂的。飞机的若干系统是在高真空度下工作的，还有一些系统则可能受到高温作用或是承受高的单位负荷。在这种复杂的工作条件下，一旦润滑脂性能出现问题，或者润滑程度不够，都有可能导致飞机各种系统的工作失灵，从而造成不可挽回的损失。

4. 特种液品质对液压系统工作的影响

特种液的洁净程度对于液压系统的可靠性和液压系统部件无故障工作的持久性具有

重要的影响。现代自动操纵的液压系统有着很高的精密度，液压系统机件遭到破坏的许多实例均是由液体的污染造成的。

5. 航空器油料系统与飞行事故

航空器内的航空油料在质量、数量以及输送系统方面也会出现问题从而导致故障甚至事故的发生，分析其原因，主要有以下几个方面：机上输油管路故障，引发飞行事故；飞行员操作失误和油量计算错误，引发飞行事故；航空燃油水分过多，也会引发飞行事故。例如：1989 年 9 月 28 日，某飞行学院 TB-20 型飞机在四川绵阳机场训练飞行，起飞上升过程中不幸失事。4 名机组成员中有 3 人遇难，1 人受重伤，飞机报废，造成一等飞行事故。事故发生后，调查组专家在对燃油系统检查时发现较多水分。从右翼油箱、主燃油滤、燃油调节器、流量分配器、燃油咀和燃油导管中倒出共计 577.8 毫升水。根据 TB-20 型飞机活塞发动机工作特点，一旦燃油系统进水，即会造成供油中断，这是导致发动机停车的直接原因。经过对油箱结构反复检查和试验，结果发现，燃油各腔之间连通性不好，油箱内的水不能顺畅地流到放沉淀口，并且放沉淀口又不在油箱的最低位，故积水不能排出。因此，油箱里的水越积越多以致进入燃油系统造成事故。

8.2 航空油料单位的安全运行管理

8.2.1 航空油料组织体制

中国境内 90% 以上的航空油料由中国航空油料集团公司供给，中国航空油料集团公司也是我国最大的航空油料企业，它成立于 2002 年 10 月 11 日，是以原中国航空油料总公司为基础组建的国有大型航空运输服务保障企业，是一家集航空油品采购、运输、储存、检测、销售、加注为一体的航油供应商。

中国航空油料集团公司在安全管理上根据民航局制定的国家航空油料安全管理政策和规章，建立了安全管理体系和安全监督体系。公司总经理是企业安全生产第一责任人，对企业的安全生产和监督管理工作负全面责任。所属其他各级领导和各职能部门，在各自工作范围内，对安全生产和监督管理工作负责。同时，也要向各自主管领导负责。公司倡导以操作员工自我监督为重点的安全监督原则。安全生产人人有责，公司每位员工都必须认真履行各自的安全职责，做到恪尽职守，各负其责。

8.2.2 安全生产运行管理

1. 航空油料的存储安全管理

（1）油料进入油库后应当填写接收、使用等相关记录。

（2）应按规定定期清洗油罐、过滤分离器，对油罐及附件、阀门、过滤分离器、油泵等设备进行检查和维护，并对油料设备进行编号、标识等管理，按时进行换季保养，并填写相关记录。

（3）定期对配电设备及各场所防雷、防静电接地等进行检查与维护，确保其符合《民用航空油料设备完好技术规范》的要求，并填写相关记录。

（4）按规定对加油车进行检查与维护，发现问题及时处理。

油品质量检查人员在燃料储存期间，应依照《喷气燃料目视检查法》的要求，使用油罐和各种过滤器底部通过闭路取样装置检查油样，目视检查外观、水分和杂质，视情况进行放沉直至符合目视检查结果，并填写相关记录。

2. 航空油料质量管理

民用航空油料在科研、验收、接收、中转、储存、发出、加注、检验及掺配等各个环节的质量管理程序、质量要求和管理要求，应符合航空油料质量管理的要求。航空油料的信息传递应规范、准确、及时。信息传递不及时，可能导致油料质量管理、计量管理等活动失去应有的控制作用，导致各类事故。如航空油料出现含有污染物问题，也可能导致飞行事故。

3. 飞机加油安全管理

飞机加油安全管理是确保飞机加油安全和飞行安全，提高飞机加油作业水平、服务质量和安全管理标准的依据，包括：油料在加注到航空器之前，航空加油部计量员按相关规定对航油进行过滤分离取样，保证油品符合加注标准。飞机加油过程中，应严格执行《飞机加油安全规范》，确保航空器与加油设备完好、飞机加油作业有关人员安全等。如图 8.1 所示为加油车在为航空器加油。

图 8.1　加油车为航空器加油

加油不规范，可能导致油品散溢、油气聚集，引发爆炸、火灾、中毒等事故，也可能导致加油数量不正确，造成飞行事故。

【案例】

某油料供应站1#加油车实施加油作业，加油作业结束后加油车准备离开，刚起步就感觉行驶不顺，同时见到客梯车司机示意停车，随即停车检查，发现油车导静电线未回收，在油车起步后，将导静电线从飞机接地夹上拉下，与某航空公司过站飞机右主轮舱发生刮擦，造成飞机右主轮舱舱门掉了一小块漆。后经各方检查确认不影响正常飞行后，飞机正常放行。

原因分析：加油员在为航空器加油结束后，应仔细检查加油设备是否全部收回，并绕车一周检查确认无误后方可发动加油车。此加油员没有按照《飞机加油安全规范》工作，从而导致事故发生。

4. 机坪内油料相关车辆交通安全管理

（1）加油车行驶要求

①严禁加油车超速行驶。油车的行驶速度不应超过机场管理当局规定的速度限制。加油车在对接航空器时的速度不得超过5公里/小时，驶入正确的加油位置停车并锁紧手制动；

②加油员应在距航空器20～30米处测试车辆制动系统是否有效；

③在行驶中需避免急转弯，罐式加油车更应特别注意；

④加油车需按机场管理当局的规定路线行驶。在可选择的情况下，加油车选择接近航空器路线的原则是：当加油车意外出现刹车失灵的情况时，能有效防止和避免加油车与航空器发生相撞；

⑤严禁加油车执行与飞机加油业务无关的任务；

⑥严禁加油车从停机坪的旅客人流中穿越。

（2）加油车的停位

①加油车应尽可能向前开进加油位置。如加油车确需倒车进入加油位置，需在加油车的后方有专人负责导向、指挥。严禁带拖挂加油车直接倒车进入或离开加油位置；

②加油车停位的前方应留有安全通道，以确保在出现紧急情况时能使加油车快速离开航空器；

③加油车进入加油位置停定后，驾驶员必须在停车制动挂好后方可离开驾驶室，并立即放好轮挡；

④加油车的停位与航空器加油口之间的距离，应以安全、方便为准，但需满足以下条件：最短的加油胶管长度，最宽的目视范围及便于手动控制，加油胶管展开后不跨（绕）越障碍物，并防止被其他车辆碾压；

⑤加油车进行加油作业时，可以从航空器翼下通过并停位后进行平台加油，但在机翼下行驶时需有专人负责导向、指挥，以避免碰撞航空器的发动机；加油车的空载最高点与航空器的满载最低点之间的距离，应不小于25厘米。

其他加油相关车辆在机场内涉及航空器起飞、着陆以及与此有关的地面活动，均应严格遵守航空器活动区道路交通管理规则。

5. 航空油料计量管理

航空油料计量管理工作，是保证飞机正常飞行的技术基础，能够协调油料、飞行、机务等部门工作，使油料系统及各航空公司对油料计量整个过程有完整、统一的标准和程序，做到有标准可依，逐步实现计量工作统一化、规范化、标准化。航空油料计量若出现问题，则会导致加错燃料等问题，从而造成飞行事故。

6. 航空油料设备管理

航空油料设备包括：民用航空油料在储存、输送、加注等过程中的储油设备、输油设备、飞机加油设备、装卸油设备、电气设备、动力机械设备、消防设备等。航空油料设备管理，是提高民用航空油料设备技术装备水平，提高设备完好率、利用率，使之获得最佳效益的依据。航空油料设备失效，可能导致油品散溢、油气聚集，引发爆炸、火灾、中毒等事故。

7. 库站内施工、维修安全管理

对于在库站内进行的改建、扩建、技改、大修等工程施工，必须加强施工安全组织管理，按审核批准的施工图纸编制施工方案执行。凡在库、站及已建工程区域内动土施工，必须向有关部门办理动土许可证；拆除、动火等特殊施工，要编制单项安全施工内容和单项安全施工技术方案，经主管部门批准后方可开工。为防止爆炸、火灾等事故，还要做好很多施工管理工作，如施工现场应符合安全要求，临建设施及机具、材料和水、电、气（汽）管网等，要符合安全、防火和工业卫生要求；施工现场内的坑、井、孔洞、陡坡、悬崖、高压电气设备、易燃易爆场所等，必须设置围栏、盖板、危险标志，夜间要设信号灯，必要时指定专人负责。

【案例】

某建设发展有限公司在为某机场新建服务车道的施工过程中，挖掘机将某机位前端草坪（距机坪约 15 米）的"机坪油料管网回流管低位排水阀"根部碰断，造成大量燃油泄漏至相邻机位。事发后，油料公司立即关闭油阀，组织人员抢修。抢修期间，机场航班油料保障未受任何影响。

经调查，造成该事件的主要原因为：（1）机场提供的供油管线资料不齐全（被挖断的排水阀在综合管网图上未标示）；（2）施工单位在作业前与油料公司等驻场单位协调不充分；（3）施工单位作业时未仔细检查地面埋设物，机场现场监管人员缺乏必要的警觉性。

8.3 典型事件应急处置

8.3.1 应急响应流程

航油公司应急响应的过程可分为接警、判断响应级别、应急启动、控制及救援行动、扩大应急、应急终止和后期处置等步骤。应针对应急响应分步骤制定应急程序，并按事先制定的程序指导各类突发事件应急响应。

各类突发重特大事件应按照公司专项应急预案的要求实施应急处置。在专项预案中应明确应对次生事件的相关内容。

当突发重特大事件的事态无法有效控制时，应按照有关程序向上一级应急机构或地方政府应急机构请求扩大应急响应。图 8.2 为应急响应过程流程图。

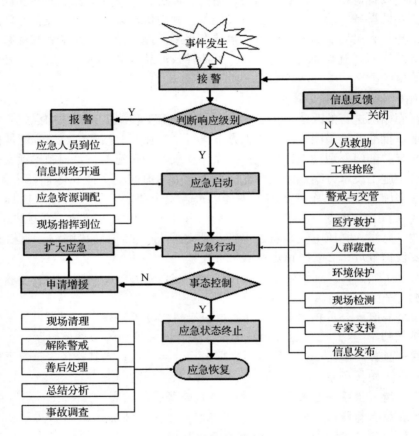

图 8.2　应急响应流程

8.3.2 油罐失火现场处置措施

油罐失火现场处置措施：

（1）站领导迅速到场，负责现场灭火的总体指挥，保证现场稳定，条理不乱，有效灭火。并迅速向机场消防队报告火情，在消防部门到场后，及时移交指挥权并汇报火情。

（2）值班员立即停止所有油料作业，关闭阀门并停泵，负责根据险情报火警，听传电话，负责消防车的引导及通信联络。

（3）当出现燃油外溢的情况时，值班员应注意防火堤，必要时加高加固或铺设临时管道，将燃油排到安全的地方。

（4）保安负责对可疑人员的控制并且与机场派出所共同进行现场警戒，并记录现场资料。防止坏人进入火区及对重要部位进行破坏。

8.3.3 加油车自燃处置措施

1. 车辆自燃原因

（1）夏季高温下，燃油滤清器、连接油管等因为受热变形，软管连接处变松，造成燃油泄漏，引起燃油自燃。

（2）发动机点火线圈的高压点火导线绝缘层老化、裂损，引起高压电漏电，引燃发动机泄漏的燃油，导致自燃。

（3）改装车辆时，如果接线、接插头安装得不专业，电路容易短路，给车辆埋下安全隐患。

（4）车辆卫生差，在车上有易燃物品，因高温被引燃。

2. 提前判断车辆自燃

汽车自燃一般都有一个过程，开始可能会有焦糊味儿，但如果汽车是在行驶或在给飞机加油的过程中，加油员在车前部一般是看不到异常情况的。要注意通过车窗、后视镜以及在给飞机加油过程中观察车辆运行情况，看到车辆有蓝色或黑色烟雾飘出时，应该马上停车，关闭电源。

3. 预防车辆自燃

（1）勤清洁、检查：由于发动机工作状态下温度较高，其附近电线的外表绝缘皮容易老化、脱落，所以，做好机动车的日常清洁、检查，保持发动机室内无油污、无杂物，防止电气线路故障或接触不良非常重要，这是预防机动车火灾最重要的手段。

（2）按照车辆技术要求使用保险，防止线路过热引燃绝缘层。

（3）熟练使用灭火器：灭火器是必须随车携带的装备，加油员要熟练掌握灭火器的使用方法，以免发生意外时束手无策。

4. 自燃车辆的灭火

（1）驾驶员在驾驶过程中发现自燃后，应避开滑行道，在路边停车，开启双闪，使其他车辆引起注意，并迅速使用车辆配备的消防器材将火扑灭。

（2）驾驶员在加油过程中发现油车自燃后，应立即停止加油，迅速使用油车配备的消防器材将火扑灭。

（3）若火没有扑灭，驾驶员应立即向站领导或其他值班员报告，并按加油操作规程迅速收回加油设备，将油车开到远离飞机的安全场所，保护现场，禁止无关人员接近油车，等待援助；其他值班员应立即赶赴现场，配合消防人员进行灭火工作并调查火灾原因。

8.3.4 航空器发生火灾处置措施

加油过程中航空器发生火灾时：

（1）加油员在加油过程中发现航空器着火后，应立即停止加油，按加油操作规程迅速收回加油设备。

（2）加油员应立即将油车开到远离失火飞机的安全场所，并使用油车配备的消防器材协助现场其他人员进行灭火工作。

（3）加油员应立即向站领导报告具体情况。

（4）调度员应通知现场作业人员，注意避让着火飞机。

8.3.5 油库、油站跑、冒、溢油事故

1. 事故特征

油库、油站跑、冒、溢油事故主要有罐式油车、油罐过量进油，设备突然崩裂等。油库、油站跑、冒、溢油事故如处理不及时，其溢出油量将会很大，产生油蒸气多、扩散范围大、着火危险源多，不及时处理或处理不当会酿成大的事故。

危险特性：油蒸气极易与空气形成爆炸混合物，遇明火、高热能引起燃烧爆炸，与氧化剂能发生强烈反应，若遇高热，容器内压增大，有开裂和爆炸的危险。一旦在跑、冒、溢油处置过程中引起火灾将会造成极其严重的后果。

油库、油站跑、冒、溢油事故可以发生在任何季节，产生严重的后果，主要表现在经济损失、环境污染、人员伤亡等方面。

事故征兆及隐患：设备管理松散、设备故障、工艺设计不合理、违章操作等均可引发油库、油站跑、冒、溢油事故。

2. 应急处置

（1）现场第一发现人应关闭控制跑、冒、溢油的阀门，阻止事态继续。

（2）就近按下紧急停泵按钮，停止一切油料作业。

（3）检查关闭站区所有水封井出口阀，防止油料溢出站外。

（4）发出跑、冒、溢油警报，告知跑、冒、溢油时间、地点、溢油量。

3. 求援

（1）报告值班经理，告之跑、冒、溢油情况，由其上报值班领导。

（2）视情况决定是否扩大应急、申请援助。

（3）求援报告内容包括：跑、冒、溢油单位的名称、详细地址、具体部位、危险物质、是否有人员被困，跑、冒、溢油情况，报警电话，报警人姓名等。

4. 尽可能快地控制险情，等待外援

（1）值班经理到达现场后，行使指挥权，组织进行处置工作。

（2）停止库内其他所有作业。

（3）切断跑、冒、溢油区域电气设备电源，以防事故扩大。

（4）在跑、冒、溢油现场设置警戒区，疏散无关人员，严禁无关人员、车辆靠近。

（5）将跑、冒、溢油罐内油品通过排底阀迅速转移，使罐内油品降至安全高度。

（6）准备多功能车及其他回收工具，组织回收跑、冒、溢出的油料。

（7）准备移动灭火器材，预防火灾发生。

（8）确定外援入库救援路线，清理消防通道，安排引导人员。

5. 急救

将受伤人员撤离到现场安全区域，对伤员进行初步判断并实施简单必要的救护工作，直至医务人员到来。

6. 外援到达

（1）打开大门，按制定路线准确引导外援至指定位置。

（2）将消防、警戒工作移交消防队、警察部门负责，根据需要，提供协助。

（3）协助医务人员进行伤者救治。

（4）协助环保部门监控环境污染情况。

7. 撤离

如有火灾发生危险，根据现场指挥命令，组织人员撤离危险区域，在紧急集合地点清点人数。

8. 恢复

（1）确认油库、油站的跑、冒、溢油状况得到控制或回收工作完毕。

（2）工具、设备、设施、工艺归位，恢复正常生产。

（3）收集证据，记录事故经过。

（4）24 小时完成书面报告，填写《不安全情况报告表》，按行政序列提交公司。

9. 注意事项

（1）含油的吸油棉、抹布、手套按危险废物处置。

（2）一切处置行动必须做好防火防爆工作。

（3）进出危险区域人员要佩戴好个人防护用品。

（4）严密监视液体流淌及气相扩散情况，防止流散范围扩大。

（5）做好含油污水的隔离工作，并注意监测，确保排放水质合格。

（6）严禁擅自发布灾情和相关新闻。

【案例】

某航油公司加油员接到调度通知，驾驶加油车给外航的一架 B737-900 型飞机提供加油服务。该航空公司随机机务给加油员提供一份加油通知单：加油量左右油箱各10000 磅，中间油箱 700 磅。接过通知单，加油员发现加油通知单数据不对，因为该飞机机型为 737-900，左右油箱最大容量为 8500 磅，于是提醒对方加油单可能错误。机务人员询问机组后要求按通知单要求实施加油作业。当两边油箱加至 8500 磅时（此时加油量 3100 升）油箱活门自动关闭，指示灯熄灭。加油员再次提醒机务人员停止加油，该机务人员不顾加油员的提醒，要求改用手动操控加油。根据航油公司相关加油规定，加油员提出机务人员必须签订免责条款后方可继续加油，于是机务人员手签了免责条款。随后，机务人员自己操作飞机手动操控开关，加油员继续实施加油作业。当加油至 8860 磅时（此时加油量 3440 升）右边油箱从通气孔溢油。加油员立即停止加油并通知加油站值班经理，按分公司应急预案进行现场处理。外航通知机场消防队对地面进行了清洗。现场处理结束后继续对中间油箱实施加油，加油量 1376 升，该航班累计加油 4816 升。加油结束后，外航没有与油料及机场进行相关沟通。该航班正常离港。

后经调查分析，外航存在以下问题：（1）外航的随机机务人员存在严重的语言交流问题，无法与加油员进行正常的业务沟通；（2）外航的随机机务人员在排故过程中发生维修差错，在进行一系列检测和重启相关设备等过程中系统实际已恢复了正常，但其本人并未及时察觉，反复对加油阀手动操控开关的测试状态测试，是导致燃油溢出的直接原因。

8.3.6 火灾现场急救

1. 烧伤急救

（1）着火事故发生后，必须沉着冷静。多人烧伤，应区别轻重缓急，有条不紊地进行急救。

（2）迅速脱离火源，将伤员搬离现场，尽快脱去着火衣服，如来不及脱衣，就地慢慢滚动或用水浇灭。严禁奔跑呼叫或用双手扑打烟火，以免引起呼吸道和双手烧伤。

（3）如伤员口渴，可饮盐开水、盐豆浆等，不可喝生水或过多喝开水。

（4）经初救后，速送附近医院。

2. 火灾现场触电急救

（1）应迅速拉下开关，切断电源。

（2）如条件不允许，可用带绝缘手柄的物体把电线切断。

（3）如果导线搭在触电者身上，可用绝缘物把导线挑开。

（4）如触电者神志清醒，应将其抬到空气新鲜、通风良好的地方，使其平躺，并严密观察呼吸和心脏跳动情况。

（5）如验证触电者呼吸停止时，应及时做人工呼吸。

3. 应急救援结束

当遇险人员全部得救，火灾事故现场得以控制，环境符合有关标准，导致次生、衍生事故隐患消除后，经供应站领导和消防指挥员确认和批准，现场应急处置工作结束，应急救援队伍撤离现场。

应急结束后，需向事故调查处理小组移交相关事项，并向上级部门报告事故情况及事故应急救援工作总结报告。

参考文献

［1］王迎新．航空安全与航空事故防范实务全书［M］．北京：光明日报出版社，2002-7

［2］范继义．油库加油站安全技术与管理［M］．北京：中国石化出版社，2006-6

［3］姜克娟．航空油料的现状与发展［J］．中国航空学会 2007 年学术年会

［4］林安盛．构建现代航油企业安全生产管理体系的认识与探索［J］．石油库与加油站，2008-9

［5］中航油安全管理相关规定

［6］民航安全信息网

第9章 持续安全与民航强国

9.1 持续安全的内涵与意义

9.1.1 持续安全理念提出的背景和完善过程

持续安全理念，是立足我国民航发展状况和安全工作特征，总结我国民航安全工作实践，借鉴国外航空安全工作经验，为适应行业新的发展要求提出来的。进入新世纪新阶段，我国民航发展呈现一系列新的阶段性特征，主要是：航空运输显著增长，同时生产力水平总体上还不高，管理创新能力还不强，长期形成的结构性矛盾和粗放型增长方式尚未根本改变；安全管理体制初步建立，同时影响行业安全发展的体制机制障碍依然存在，管理体制改革面临深层次矛盾和问题；运输总周转量名列世界第二，同时运输航空与通用航空、干线运输与支线运输、东部地区与西部地区差距拉大趋势还未根本扭转，统筹兼顾安全与效益、安全与发展的难度加大；安全法规规章体系不断完善，依法生产、依法监管基本方略扎实贯彻，同时人治与法治并行，安全管理水平与行业发展的要求还不完全适应；"科技兴安"战略成果显著，安全文化建设不断加强，同时社会公众对民航安全工作提出了更高要求和更高期待；行业活力显著增强，同时民航企业组织形式、用工形式以及利益分配格局发生深刻变化，专业技术队伍建设和管理面临诸多新课题；对外开放程度日益加深，同时面临的国际竞争日趋激烈，可以预见和难以预见的风险增多，统筹安全发展和对外开放的要求更高。

这些情况表明，经过新中国成立以来特别是改革开放以来的不懈努力，我国民航取得了举世瞩目的发展成就，但我国仍然是航空大国的基本状况没有变，社会公众日益增强的安全意识和越来越高的安全要求同民航安全生产提高缓慢之间的行业主要矛盾没有变。当前我国民航发展的阶段性特征，是社会主义初级阶段基本国情在民航发展新时期的具体表现。我们必须始终保持清醒头脑，立足航空大国这个最大的实际，科学分析我国民航发展的新机遇新挑战，全面认识工业化、信息化、城镇化、市场化、国际化深入发展新形势下的民航安全工作，深刻把握航空安全工作的规律和我国民航安全工作面临的新课题新矛盾，更加自觉地走安全发展道路，奋力开拓中国民航更为广阔的发展前景。

2008年初，李家祥同志担任中国民航局局长之后，在一系列讲话和指示中提出了民航安全工作中的持续安全理念。持续安全理念，是中国民航人解放思想、创新思维的产物，是民航人对安全工作长期实践和思考的丰硕成果，是学习实践科学发展观的抓手和载体。持续安全理念首次提出并细化了四个体系（理念体系、队伍体系、法规体系、责任体系）建设，这既是构建民航持续安全大厦的有力支撑，也是落实持续安全理念的努力方向。

9.1.2 持续安全理念的主要内容和丰富内涵

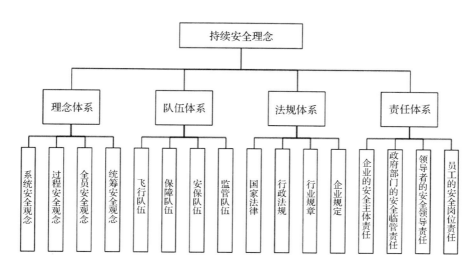

图 9.1　持续安全理念的主要内容框架

以上述为基调来审视中国民航的持续安全理念，可以做以下五点解读。

1. 持续安全理念具有科学内涵

持续安全是指行业的运行风险控制在社会公众可接受的水平。持续安全理念内涵与国际民航组织对安全的定义是一致、科学的。这种安全状态具有持续性的特征，而不是阶段性或周期性的；这种状态下的安全水平是可以为政府和公众所接受的。

2. 持续安全理念的提出具有合理性

美国气象学家洛伦兹曾提出一个叫"蝴蝶效应"的理论学说，其大意是：一只蝴蝶在巴西扇动翅膀，就有可能在美国引起一场龙卷风。这看似不可思议的理论，却揭示了一个道理：事物之间存在着一定的关联性，其发展是个由小到大的演变过程。

其实，任何事故的发生都有一个过程。即使是突发性的事故，也是因为平时未能引起人们的警觉而最终在瞬间爆发的。作为高风险行业的民航业，大多数令人扼腕叹息的事故，都是因为忽视了细小的环节，从诸如跑道出现异物、插头插错、机翼除霜不彻底、听错指令到判断失误等，并由此产生一系列的连锁反应，逐渐影响整个安全生产工作的平衡，进而造成严重的后果，这就是蝴蝶效应在民航安全生产中的体现。蝴蝶效应这种现象警示我们，对于细小的安全隐患如果不给予足够的审视和正确及时的处理，就可能酿成大祸。

安全永远是相对的，时时刻刻与危险相伴相生，安全纪录保持得越长久，越容易使人思想麻痹，疏于防范，出事的几率随之也就越高。因此可以这样说，安全强度是要靠人的态度去维系的。

3. 持续安全理念体现了一种忧患意识和进取精神

落实持续安全理念，安全工作必须时刻小心谨慎，时刻保持一种忧患意识和防范意识。忧患意识表现出的是人作为主体的一种精神自觉，是主体人对改造客观世界的一种强烈的责任感和能动性，是重要的精神动力。这种忧患意识是中华民族的内在品格与灵魂。

持续安全理念对民航安全工作提出了要求，也体现了一种进取精神。这种进取精神就是不畏艰难，勇于挑战，把人的积极性、主动性和创造性充分发挥出来，在保证航空安全上狠下工夫。

4. 持续安全理念符合科学发展观的要求

讲科学发展，绝不能离开安全发展。民航工作坚持安全发展，要求民航全体人员牢固树立持续安全理念，开拓进取，真抓实干，推动民航事业又好又快发展。在树立持续安全理念，推动民航安全发展、科学发展中，民航系统已表现出良好的发展势头。

5. 实践持续安全理念，领导干部是关键，广大从业人员是生力军

安全作为第一位的任务，由第一把手负总责任。领导干部既是安全工作的决策者，又是安全工作的组织者。事故往往与领导的事业心、责任心、工作思路、管理方法以及职工的政治素质、安全技术素质等方面有关。这就要求严格落实领导者的领导责任。持续安全理念对民航每位从业人员提出了时代要求。

9.2 践行持续安全

9.2.1 注重理论学习，强化安全意识

1. 统一思想，认真学习科学发展观和持续安全理念

在当前我国民航大发展的时代，保持先进性，关键是要深刻理解科学发展观和持续安全理念二者的关系，掌握持续安全理念的重要思想和精神实质，并自觉付诸实践，努力成为持续安全理念的坚定实践者。学习贯彻持续安全理念是一项长期任务，必须坚持不懈、不断深入，做到真学、真懂、真信、真用。要提高科学认识和分析形势的能力，把思想认识进一步统一到科学发展观和持续安全理念上来，统一到民航局对民航发展形势的分析判断和由此确定的民航工作总体要求上来。

2. 认真学习持续安全理念，牢固树立安全意识

李家祥局长曾指出"要视安全为鲜活的生命，需要责任来维系；视安全为效益基础，需要责任来加强；视安全为幸福源泉，需要责任来呵护；视安全为个人和企业成长的根本，需要责任来夯实"。我们只有把安全看做是鲜活的生命，才会认识到安全的重要性；只有把安全看做是效益的基础、幸福的源泉、个人和企业成长的根本，才会把安全工作和自己的幸福、个人的成长、本单位的发展联系起来。

3. 理论联系实际，贯彻落实持续安全理念

安全意识不是空讲，要落实到实际工作中去，学了就要用，说了就要做，行以求知，反对死记书本和空洞说教。我们要把安全看成是自己的事情，要把安全看成是一种责任。因此，我们要牢固树立安全意识，客观分析民航安全工作的形势，寻找工作中的薄弱环节，始终把安全意识挂在心上，即使在安全形势比较稳定的情况下，也不盲目乐观，而应居安思危，做到稳中思险、稳中识患。

9.2.2 刻苦钻研业务，提高职业技能

"人的因素至关重要，人是安全的主人。"在民航实际工作中，落实持续安全理念，保证安全，关键在人。持续安全，说到底，需要依靠每一位员工认真履行自身职责。每个人做好本职工作，才能保证整个系统处于良好的运行状态之中，确保民航的持续安全。

为了更好地在实际工作中践行持续安全理念，需要刻苦钻研业务，提高职业技能，实现业务精通，在平凡的岗位上做出非凡的业绩。真正实现"靠岗位立身，靠素质修身，靠能力强身"。

1. 行业特点要求我们钻研业务、提高技能

民航业是一个高度科技密集型、管理密集型、人才密集型，尤其是安全密集型的现代化运输行业，是一个融高科技综合运用、高素质专业人才、高质量综合服务、高风险投入回报于一体的特殊行业。随着科技进步的迅猛发展，科技在民航业中越来越显示出作为第一生产力的巨大威力，安全运行与安全管理等各项工作的科技含量愈来愈高，对我们提出了越来越高的要求。这就要求我们必须与时俱进，紧紧跟上行业发展的步伐，刻苦钻研业务，提高职业技能。

2. 保证持续安全，需要我们业务技能过硬

大多数民航从业人员从事的是与安全生产直接或间接相关的一线工作，其自身岗位技能水平的高低很大程度上决定了民航安全运营水平的高低，同时也是保障民航安全的最后一道防线。持续安全的实现，离不开我们认真履行职责，而要想履行职责，完成自己的使命，就必须具备过硬的业务技能，不断提高自身素质。否则，对业务一知半解，对技术不求甚解，一旦出现情况，就可能会不知所措，无从下手；就会手忙脚乱，忙中出错；甚至会酿成大祸，造成事故。民航的持续安全也就无从谈起。

近年来发生的多起事故或事故征候中，很多都是由于员工技能不强和经验不足而导

致的。钻研业务、避免差错、提高技能，才是践行持续安全理念的根本之道（图 9.2）。

我们应结合各自岗位工作实际，认真领悟岗位要求，扎实掌握必需的知识技能，积极参加相关的操作技能训练。还要掌握最新的技术方法，掌握各自的专业发展动向，积极进步，不断提高自身素养。要紧跟民航发展的步伐，使自己始终处于民航发展的排头兵位置，而不是疲于应付，处处落后于他人。

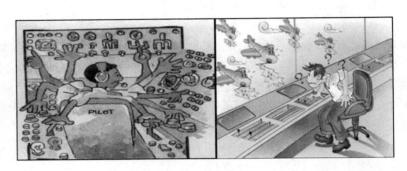

图 9.2　提高技能是践行持续安全理念的根本之道

3. 突发事件频发，要求我们提高危机处置技能

由于航空安全具有高风险性、突发性的特点，我们头脑反应的快慢，将直接关系到紧急、特殊、突发情况处置的成功与否。若反应敏捷，处理及时有效，就能够柳暗花明、绝处逢生。若反应迟钝，应对迟缓，处置滞后，就会陷入山穷水尽、毫无退路的困境，贻误最佳的处置时机，轻者会出现不安全事件，重者可能酿成大祸，留下终生遗憾。

对于广大从业人员而言，在实践中应逐步培养和锤炼以下几个方面的技能：一是信息快速传递能力；二是紧急情况下的决断能力；三是临场应变的调整能力；四是快速准确的有效处置能力。

4. 行业发展迅速，要求我们注重学习，持续提升自身素质

持续学习是适应民航快速发展的客观需要。民航是典型的高科技行业，知识更新迅速，新的机型不断出现，新飞行的复杂程度更是让人应接不暇；以数字化、网络化为特征的现代信息技术大量应用于民航业内，新知识呈现出爆发性增长。同时各种新的安全管理理念和方法不断推陈出新，不断发生着革命性的升华。在这种急剧变化的环境下，人们原先所掌握的技能及管理方法，往往会跟不上行业的发展变化。现实要求我们必须要不断地更新知识结构，提升认识水平，增强及时获取新知识的能力，坚持学习，保持与时俱进。

持续学习也是民航发展对我们的迫切要求。在民航迅速发展、不断突破的今天，新技术、新方法和新的思路层出不穷，评价一个人工作能力的标准也在不断提高。避免自己陷入知识结构缺陷、跟不上民航发展步伐的唯一出路，就需要在工作的过程中不断学习、不断提高。

9.2.3 严格遵章守纪，培养良好作风

民航业的规章标准是对安全生产规律、工作经验和民航安全管理实践的理论提升和系统总结。制定并实施必要的规章标准，用来约束政府、民航企事业单位从业人员的行为，可以对管理工作的规范化起到良好的推动作用，从而保证生产与监管统一、协调、安全、高效地进行。落实持续安全理念就是要严格执行规章标准。"严格执行规章"就是在深刻理解规章标准的外延和内涵的基础上，在安全工作中严格执行规章标准，并在实践中不断完善规章标准，保证航空安全持续健康发展。

1. 严格遵章守纪，是安全生产的重要保障

中国民航自建立以来，在长期的发展过程中，根据我国的具体情况，吸收国际民航的先进经验，制定了一系列既考虑国际民航组织标准又符合中国民航实际的行之有效的规章、制度、法令、标准和程序，这是中国民航安全运输的依据和行动准则，是中国民航人智慧的结晶和飞行实践经验的总结，甚至有些规章是用生命换来的宝贵财富。但是，有些人员对此认识不足，执行不力，有法不依，知法犯法，玩忽职守，违章操作，违章指挥，以致事故和事故征候的发生。

每起事故和事故征候发生后，行业主管部门都根据具体情况，分析原因，提出措施，乃至发布安全建议，即要求行业的相关人员认真接受教训。但是，仍有小部分人员有令不行，有禁不止，继续重犯别人的错误，以致同类事件的重复发生。反之，认真接受教训，认真落实民航规章，认真落实整改，往往就能取得安全工作的好成绩。

严格规章标准，安全就有保障；违章运行、违章操作，就意味着向事故迈进。各运行单位倘若不严格执行规章，就会陷入安全风险越来越大、安全裕度越来越小、安全水平越来越低的恶性循环之中。因此，民航业应该也必须有一个清醒的认识和理性的实践，并为之进行艰苦卓绝的不懈努力，严格遵章守纪，成就航空安全之目标。

2. 行业生产运行特点，要求必须遵章守纪

民航现代化程度越来越高，生产规模越来越大，分工越来越细，生产协作越来越广泛。民航安全生产涉及航空公司、空管、机场、油料等众多互相协作的系统，并且遍布全国各地，甚至世界不同国家和地区，是一个国际性的行业。这样广泛复杂的生产组合，需要在诸多方面保持高度的统一，为此，必须制定和执行相对统一的规章标准，规范从业人员的行为，使得各个子系统、不同的企事业单位、各个生产环节和各个岗位在技术上和管理上有机地联系起来，协同合作，步调一致地保证民用航空生产高效安全地运行。在一定的范畴内，只要遵守规章标准，就可以免除一些不必要的协调、请示和汇报，最大限度地发挥个人的潜能，完成工作任务，从而提高工作效率。

规章标准是航班在国际间安全运行的依据和统一规范，中国民航要走向世界，执行国际规章标准是基本前提。因此，采用和执行国际标准，有助于提高我国政府、民航企事业单位的国际声望和竞争力，实现我国由民航大国向民航强国的跨越。

规章标准具有导向性，对从业人员的行为加以引导，明确告诉从业人员应该做什

么，应该怎样做，鼓励从业人员实施安全规章标准允许的行为，防止或反对其他偏离行为。而且，规章标准通过明确责、权、利来引导从业人员的行为意识。规章标准常常综合考虑诸多危及民航安全的不利因素，体现出系统安全观念，可以加强系统的防错、容错功能，提高安全裕度，使规章标准真正成为安全屏障。规章标准的建设和实施，可以营造正确的价值观、行为准则等，并逐渐影响、修正从业人员的行为意识，促使其自觉遵守组织的规章标准。

规章标准的指引功能扩展到从业人员的相互关系上，就演变成评价功能。规章标准使从业人员能够评价自己和别人按章办事的方式和结果，同时能够预测别人对自己按章办事的反应。规章标准为从业人员的行为提供了统一的衡量标尺，从业人员可以借此评价任何相关人员的行为。

3. 如何做到严格遵守规章

民航发展历史告诉我们，严格执行规章标准，按规定要求运行，安全就有了可靠的保障。反之，不按照规章标准办事，即使短时间没有发生重大安全事故，安全生产也得不到根本的保障。民航事业的发展日新月异，就目前情况看，民航业的系统建设还不完善，面临着风险抵御能力不强、体制与民航发展不相适应、技术应用落后于技术需求等许多新老问题。要接受如此严峻的挑战与考验，很重要一项工作就是加强规章标准的建设，坚决执行、严格落实规章标准。

4. 严格遵守规章，根本落脚点是培养良好作风

一次违章不一定就发生事故，这是由于航空系统的可靠性和充分的安全边界在起防范作用。违章实际上是减小了安全系数，多次违章就会增加产生事故的概率。严格遵章守纪的落脚点是培养良好作风。要树立"正、勤、严、细、实"五种良好作风，避免出现过分自信心理、冒险心理、惰性心理、麻痹心理以及从众心理等各种不良心理。

9.2.4 认真履行职责，岗位建功立业

1. 保证持续安全，关键在于落实岗位责任

安全责任事故为何屡禁不止，原因是多方面的，但最重要的是安全责任落实不到位。安全工作好比一个链条，每个相关岗位和人员都是链条的组成部分。不论哪个环节出了问题，链条都会中断。可见，每一次安全责任事故都与每个相关岗位和人员有直接关系。现在，安全生产方面的各种规章制度、预防措施及紧急预案已经不少了，如果将其一条条真正落到实处，很多事故是可以避免的。否则，不论你如何完善，如何健全，一切都等于零。

落实"持续安全"理念，就是要认真履行岗位责任。否则，持续安全将是无源之水，无本之木。

在民航的各类从业人员中，每个人都有不同的工作岗位，同时也担负着不同的责任。如果我是一名乘务员，我就有责任去做好服务工作，保证客舱安全，使乘客满意；如果我是一名空中交通管制员，那么我就要做好管制工作，维护空中交通秩序、保障空

中交通安全畅通；如果我是一名机场安检员，我就有责任对乘坐飞机的旅客在上机前进行"搜身"检查和行李过机检查，起到把好安全关口的作用。一个人无论能力大小，只要能够勇敢地担负起责任，认认真真地做好分内工作，完成自己的各项工作，所做的一切就有价值，就会成功，就会获得尊重。所以没有做不好的工作，只有不负责的人。责任能够让人战胜恐惧和各种消极情绪，因为在责任面前，人们都会变得勇敢、坚强。责任就是一个人的最高境界，是做人的准则。

在每个人的生活当中，有大部分的时间是和工作联系在一起的，责任就是对工作出色的完成，责任就是忘我的坚守，责任就是人性的升华。同时，个人的责任必须渗入企业的骨髓，溶入血液，甚至渗入神经系统。民航职工应当在各自的岗位上，常怀"责任重于泰山"的警醒度，坚信"责任成就人生"，尽心尽力地做好各自的工作，落实岗位责任，以保证中国民航的持续安全！

2. 爱岗敬业、尽职尽责，方能建功立业

近年来，中国民航承前启后，继往开来，在祖国的经济社会发展和交通运输领域取得了重大突破和显著成绩。当前，中国民航正值稳步发展、日新月异的大好时期，队伍建设硕果累累，呈现蒸蒸日上的良好态势。

曾子云："吾日三省吾身。"古人尚且如此，而我们能不能每天问问自己"今天，我做了什么"？是只争朝夕，抓住了每一天？还是庸庸碌碌，甚至做了不该做的事？其实，就是要反省我们这一生做了什么，是否有所作为，是否让生命活得有价值。

责任是检验一个人做人是否合格的重要标准和尺度。近代学者梁启超说："人生于天地间，各有责任。一家之人各个放弃责任，则家必落；一国之人各个放弃责任，则国必亡。"做人负责对于一个家庭和国家是何等的重要。要想在建功立业中体现人生价值，就必须做一个尽心尽责而且敢于承担责任的人。组织行为学上有一个名词叫做"角色期待"。如果将社会看作一个舞台，那么每个成员都在其中扮演着特定的角色，而且任何一种社会角色都与一整套的权利义务和一系列的行为模式相联系。你扮演的角色越多，承担的责任也就越多，你所处的位置越高，肩负的责任也就越重。因此，不论你是基层领导还是一般员工，都要切实提高自身素质和岗位操作能力，尽心尽力，尽职尽责，多出一份力，多发一点光，立足本职建功立业。同时，还要勇于负责。

3. 树立正确的人生观、价值观，为行业的持续安全添砖加瓦

人生是在人生观和价值观所包含的正反两方面中不断选择的过程。选择信念以支撑生命，选择事业以实现价值，选择方法以解决问题，选择态度以调整内心，这些都潜移默化地影响着我们的人生观和价值观。选择什么样的人生观和价值观直接关系我们人生道路的航向和进程。

安全文化，即人的价值观与行为的总和。其核心是人类的安全观，它决定着人们对于安全生产和安全生活的思维方式，用安全文化建构的企业系统，似乎不是最直接的安全保障，却是最持久的决定要素。在事故控制中推进安全文化的意义在于：第一，它是预防事故的"软"对策；第二，它是预防事故的"人因工程"，所以是最具基础意义的控制模式；第三，它重在系统化管理及制度，本质上创造着一种"人—机—环境"相

协调的反危机控制思想，通过对人的观念、意识、态度、行为等有形与无形的安全氛围的影响，从而达到对人的不安全行为的有效控制；第四，它更强调安全的准则、理念及策略，更重视与人的行为相关的一系列物态条件的安全环节的构成；第五，它在系统设计和生产过程中的实践，旨为在系统全寿命周期的各环节实施以文化为中心的安全策略。

卓越的安全文化倡导实现从"要我安全"向"我要安全"的转变。具体体现为：以人为本抓安全的"人本观"，一切事故都可以避免的"预防观"，安全生产源于责任心、设计、质量、防范的"责任观"，安全是最大的节约、事故是最大的浪费的"价值观"，一人安全、全家幸福的"亲情观"，无事故光荣、出事故处理的"荣辱观"和人人参与安全生产管理的"全员观"。

只有构建了"我要安全"的文化，企业的安全生产才能沿着安全发展的预期轨道平稳前进，企业全员才能在力促安全发展的系统工程中实现安居乐业。

综上，广大从业人员需要树立正确的人生观、价值观，学习新的安全理念，努力提高自身素质，通过良好的安全文化建设，实现由"要我安全"向"我要安全"的更高层次的安全管理转变，使安全管理由"要我安全"变为人文需求与人文自觉，中国民航的安全事业才能真正向"人文内涵管理阶段"迈进，从业人员才能真正为行业的持续安全添砖加瓦，贡献力量！

9.2.5 加强组织领导，狠抓工作落实

在学习落实持续安全理念活动中，民航各级基层组织肩负着重要的职责，应积极发挥党作为联系群众的桥梁和纽带的作用，充分调动广大职工的学习积极性，开展各项适合员工特点的实践活动，引导和帮助大家学习落实持续安全理念。具体来说，应做到以下几个方面。

1. 高度重视

为确保学习落实持续安全理念活动扎实有效地开展，各级基层组织要给予重视，各项工作应紧紧围绕安全生产这个中心，充分认识学习落实持续安全理念活动的重要意义，切实加强领导，真正落实责任，确保学习落实活动的各项要求落到实处。

2. 周密部署

各级基层组织要对学习落实持续安全理念活动进行周密部署。在活动总体安排的前提下，根据各自的实际情况，有针对性地提出具体要求，因地制宜地对各项具体步骤、具体时间和配套措施做出安排，严格按照制定的工作计划，将提出的各项任务逐一推进、逐项落实，扎实、稳步推进各项工作。

3. 加大宣传

在学习落实持续安全理念活动中，基层组织要搞好宣传，营造氛围，应突出宣传的针对性、宣传内容的应用性、宣传工作的持续性和宣传方式的创新性。

基层组织在宣传过程中应切实结合本单位的实际情况制定宣传计划、确定宣传内

容，充分运用报纸、网络等新闻媒体，精心组织，多层次、多渠道、全方位地宣传，及时总结和推广活动中的好做法、好经验，及时报道取得的成果，为学习落实活动的顺利开展营造良好的舆论氛围。

4. 创新形式

为了使学习落实持续安全理念活动取得良好效果，应充分发挥各种活动的优势，结合以往活动形式的特点，不断创新活动形式，突出实践特色，让大家在生动有效的学习实践活动中真正领会持续安全理念，并落实到实际工作中。

基层组织可以采用多种形式开展学习落实活动，例如：学习培训，组织大家认真学习科学发展观和持续安全理念；开辟宣传专栏，公布持续安全理念学习落实活动的各项工作进展，总结已经取得的成效，表彰先进个人和单位等；举办"持续安全之我见"等主题征文活动；开展比赛，比如举办持续安全理念百题知识竞赛、学习持续安全理念辩论赛等；提炼学习实践持续安全理念的口号，激发大家学习落实持续安全理念的主动性和自觉性；开展网络论坛，通过喜闻乐见的网络交流形式，让学习落实活动中的感想、收获得到更广泛的交流，在交流中相互学习，共同提高。

另外，还应深入开展青年文明号活动，激发大家立足岗位作贡献的激情与活力；扎实推进岗位能手活动，广泛开展岗位练兵、技能比武、职业技能竞赛等活动，提高综合素质；积极创建安全示范岗，动员组织广大职工投身安全生产管理，强化安全生产意识，提高安全生产技能。

9.3 民航强国的内涵与意义

9.3.1 民航强国任务的提出

在 2010 年 1 月召开的全国民航工作会议上，中国民航局党组提出了建设民航强国的战略任务。之后，民航局正式下发了经过反复讨论、多方征求意见后修改定稿的《关于建设民航强国的战略构想》，同时下发了民航局局长李家祥在全国民航工作会议上所作的重要讲话《中国民航人要为建设民航强国而奋斗》，勾勒了民航强国建设的指导思想、基本原则、战略目标和主要任务。一股春潮在涌动，一股热情在升腾，一股劲头在勃发，备受鼓舞的民航人从现在起，满怀激情地开始了建设民航强国的伟大征程。

建设民航强国，是建设社会主义现代化强国的重要组成部分，是实现中华民族伟大复兴的必然要求，也是中国民航人心中挥之不去的蓝天情结和坚定不移的报国之志。

为建设民航强国而奋斗，需要明确建设民航强国的大政方针。大政方针从根本上决定着民航强国建设的走向，也从根本上决定着民航强国建设的命运。关于建设民航强国的指导思想、坚持原则、战略任务、战略步骤、战略目标、保障措施和实现路径等，全国民航工作会议的有关文件中都有明确阐述，需要认真学习，深刻领会，努力把握要义。只有学习领会好了，认识统一了，方向找准了，目标明确了，思路清晰了，行动起来才会更加自觉有力，更加富有成效。

我国建设民航强国，必须以邓小平理论、"三个代表"重要思想和科学发展观为指导，以持续安全为前提，以提升发展质量为核心，以创新为动力，以确立民航业在国家发展中的战略地位为突破口，坚持改革开放，加强统筹协调，理顺体制机制，努力构建具有中国特色的现代化民用航空体系，促进国家现代综合交通运输体系的进一步完善，确保经济社会又好又快发展和国家整体利益的实现。为此，必须坚定不移地实施三大核心战略，即持续安全战略、大众化战略和全球化战略。必须坚定不移地坚持五条原则，即坚持为国家总体战略服务的原则，坚持安全第一、以人为本的原则，坚持主动发展的原则，坚持协调发展的原则，坚持可持续发展的原则。

建设民航强国，实现由民航大国向民航强国的历史性跨越，既抒发了中国民航人的雄心壮志，也描绘了中国民航业的光辉前景。号角已经吹响，动员令已经发出，让我们迅速行动起来，以前所未有的热情和斗志，向着既定的目标矢志不渝地前进！

9.3.2 民航强国的定义及发展趋势

所谓民航强国，是指民航业综合实力位居世界前列的国家，表现为民航业在国家经济社会发展中发挥战略作用，安全好、贡献大、运行品质高，具有很强的国际竞争力、影响力和创新能力。

上世纪 80 年代以来，世界民航业呈现出一些值得关注的特征和趋势，形成了以美、德为代表的综合性民航强国，以新加坡、荷兰为代表的国际运输实力突出的民航强国。这些民航强国之所以"强"，是因为其内在的发展规律、发展新趋势，归纳起来主要有七个方面：

（1）民航发展与国民经济良性互动，发展民航业是国家（地区）的重要战略。许多国家（地区）把民航业定位为战略性产业，把发展民航上升为国家（地区）战略，使之成为本国（地区）在全球化过程中获取最大化利益的有力工具。

（2）从国家利益最大化出发，推行有利于本国民航发展的政策。上世纪 70 年代后期，美国率先在国内航空运输市场实行"放松管制"政策，此后被绝大多数国家仿效。美国政府迅速在国际航空市场推行"天空开放"政策。近几年，包括欧盟等已将"天空开放"确立为一项基本的对外经济贸易政策，在国际经济政治交往中，将其纳入双边和多边战略对话内容。

（3）打造网络型航空公司以利竞争，航空公司联盟化和大型国际机场枢纽化成为趋势。航空运输业是典型的网络型产业，航线网络质量和运行效率，是决定航空公司竞争力的核心要素。各民航强国的骨干航空公司，普遍以航空联盟、并购重组、企业交叉持股等手段扩展航线网络。

（4）由高端消费转向大众消费，低成本航空公司快速发展。上世纪 70 年代，低成本航空模式最先在美国出现，很快吸引了大量旅客，市场份额不断攀升，并席卷整个欧美航空运输业。顺应大众多样化的消费需求，世界各民航强国航空旅行已逐渐从以豪华、奢侈型为主，向以大众、经济型为主转变，"面向社会、服务大众"的产业价值得到了更加充分的体现。

（5）重视发展支线航空，普遍实施"国家基本航空服务计划"。在国家公共航空运输体系中，小型机场是"神经末梢"和基础节点，支线航空是"毛细血管"。综合实力强的民航强国，都具有发达的支线航空。同时，发达国家的干线和支线航空公司之间，还建立了紧密的战略合作关系，形成了大型国际枢纽、地区枢纽与小机场分工合作、良性互动的发展格局。

（6）把通用航空作为整个民航发展的基础，普遍重视通用航空的发展。作为民航完整产业链重要组成部分的通用航空，为商业航空运输输送了大量的专业技术和管理人才，是整个民航业发展的基础，还拉动了其他行业的发展。国际上已把通用航空发展水平，作为衡量一个国家民航业强弱和经济社会发展水平的重要标志。

（7）民航与其他交通运输方式联动发展，打造现代综合交通运输体系。在发达国家，各种运输方式朝着分工协作、互为补充的综合运输体系方向发展。尤其是大型国际航空枢纽，一般都与高速公路网络、高速铁路网络和城市轨道交通相连接，扩大了机场的辐射范围。许多国际性航空公司与高铁公司还建立代码共享等合作，大大方便了旅客出行换乘。

9.3.3 建设民航强国的指导思想、基本原则和奋斗目标

1. 指导思想

建设民航强国，要以邓小平理论、"三个代表"重要思想和科学发展观为指导，以持续安全为前提，以提升发展质量为核心，以创新为动力，以确立民航业在国家发展中的战略地位为突破口，坚持改革开放，加强统筹协调，完善体制机制，加快建设民航基础设施网络，努力构建具有中国特色的现代民用航空体系，全面提升我国民航业综合国际竞争实力，促进国家现代综合交通运输体系的进一步完善，为经济社会又好又快发展服务。

2. 基本原则

（1）坚持为国家总体战略服务，自觉服从服务于党和国家工作大局，进一步发挥好民航业在促进经济社会发展，维护国家利益、国家形象和经济安全等方面的重要作用。

（2）坚持"安全第一、以人为本"，重点提高从业人员综合素质，努力实现持续安全，整体提高行业运行效率，不断提升服务品质。

（3）坚持主动发展，积极谋划，加快推进民航各生产要素的建设，增强民航对于国家经济社会发展的保障能力。

（4）坚持协调发展，突出统筹好东中西部、干线与支线、航空运输与通用航空、国内与国际航空、客运与货运等的发展关系，实现航空公司、机场和空管系统的协调发展，更好地适应国家综合交通体系建设的需要。

（5）坚持可持续发展，主动适应低碳经济发展趋势，提高资源和能源利用效率，建设资源节约型和环境友好型民航。

3. 建设民航强国的战略目标

到 2020 年，伴随着我国全面建成小康社会，民航强国初步成形。到 2030 年，伴随着我国的新发展，全面建成安全、高效、优质、绿色的现代化民用航空体系，实现从民航大国到民航强国的历史性转变，成为引领世界民航发展的国家。围绕这一战略目标，战略步骤分两步走：第一步，从现在起到 2020 年，为全面强化基础阶段；第二步，从 2020 年到 2030 年，为全面提升飞跃阶段。到 2030 年，全面建成世界公认、可堪自豪的民航强国。

9.3.4 民航在国家发展中的战略地位和作用

民航是经济全球化的主流形态和主导模式，是区域经济发展和产业升级的驱动力。在经济全球化的背景下，航空运输不再仅是一种交通运输方式，而且成为区域经济融入全球经济的最佳通道。统计表明，民航投入与国民经济回报的比例大约是 1∶8。尤其是大型国际枢纽机场已突破运输功能，形成辐射力极强的"临空经济区"和区域经济发展的"发动机"。

民航是促进老少边穷地区发展的重要力量，是国家统一和民族团结的黏合剂。在缓和两岸关系、促进祖国和平统一的进程中，民航作为重要桥梁和渠道，发挥着独特作用。

民航是国家国防和经济等安全的可靠保障，是抢险救灾和应对突发事件的生力军。民航业具有准军事性质，是国家空中力量的重要组成部分。一旦发生紧急事件或战争，航空运输是军事后勤的重要支撑。长期以来，在保障经济安全和空中通道通畅、维护国家形象、完成党和国家特殊任务等方面，民航都作出了重要的贡献。

民航是世界不同文明沟通交流的重要桥梁，是实施全球政治外交战略的宝贵资源。在国家软实力的全球传播中，航空运输是一种新的高效文化交流通道，其发展水平关系到一个国家的政治声望和软实力。而在实施全球政治外交战略过程中，民航不仅仅是一种产业，还成为外交谈判的筹码、发展双边或多边关系的纽带。

民航是催生相关领域科技创新的需求导向，是国家航空产业化战略的积极参与者。民航业科技含量高、产业链条长，其中，现代航空器和空中交通管理系统，高度集成了大量先进科技。民航业的进一步发展，将为相关领域的科技创新提供广阔空间。特别是上游的航空制造业，产业链长，是一国经济发展的战略性行业以及先导性高技术产业，也是综合国力的重要标志。建设民航强国，将有力支持我国实施航空产业化战略。

9.4 建设民航强国

9.4.1 改革创新是动力

做大做强民航业，是在新的起点上，历史赋予中国民航人的重要使命。完成这个使命，离不开弘扬改革创新的时代精神。改革创新是全面推进民航强国建设的根本动力。

民航作为国家的基础性和先导性产业，30 年来始终坚持改革创新，促进了航空运输生产力的解放，有力地推动了民航事业的全面发展，行业面貌发生了天翻地覆的变化。创新航空安全理念，安全状况已经好于世界平均水平；历经三次大的体制改革，建立了与国际趋势相符合的民航管理体制和市场运行机制；保持较快发展速度，形成了仅次于美国的全球第二大航空运输系统。现在，我们立足全国大局和服务国家经济社会快速发展的需要，结合行业发展现状和特点，提出了建设民航强国的战略构想。这一战略构想也是我们贯彻落实科学发展观、坚持改革创新的重要成果。回顾过去 30 年民航的发展成就，实践充分证明，改革创新是实现民航大国的力量源泉；展望未来 20 年民航的发展宏图，我们更加坚信，改革创新是建设民航强国的不竭动力。

随着建设民航强国伟业的深入推进，一些深层次的矛盾和问题还将显现，需要我们更加坚定改革的决心和信心，激发出创新的热情与干劲，以科学发展观为指导，谋划改革思路，创新发展举措，努力实现改革创新的新突破，为推进民航强国建设提供强劲的动力。

9.4.2 明确核心战略，统一行业意志

《建设民航强国的战略构想》提出了实施大众化、全球化、持续安全三大核心战略。这是围绕建设民航强国的战略目标，根据我国的基本国情和民航发展的实际，借鉴世界民航强国发展的基本规律，作出的重大战略部署。

为国家经济社会服务和为社会公众服务，始终是我们建设民航强国的根本出发点和落脚点。未来 20 年，是我国现代化建设的重要历史阶段，是民航发展的重大战略机遇期。我国将全面建设小康社会，进一步向基本实现现代化迈进；将基本完成工业化和城市化，逐步走向协调发展、共同富裕；人均 GDP 将从 3000 美元增加到 20000 美元以上，进入产业结构和消费结构快速升级时代。在这一发展时期，从全球民航业发展的基本规律看，正是民航从提供高端型消费向满足大众化经济型消费扩展的大众化阶段。目前，世界公认的一些民航强国，如美国和一些欧洲主要国家，年人均飞行次数都超过 1.7 次。而我国在这方面还存在较大差距，市场潜力巨大。实施大众化战略，可以使社会大众享受到便捷、经济的航空服务，提高中国民航服务的覆盖能力，极大地提高民航服务国家经济社会发展、服务亿万社会大众的能力。这是我国建设民航强国的必由

之路。

　　未来 20 年，经济全球化将不断向纵深发展，我国参与经济全球化的程度日益加深，并确立在世界经济中的话语权和影响力。我国高科技产品贸易、对外投资和组织全球化生产将越来越多，出口也将面向越来越广阔的国际市场，商务旅行、休闲旅游、出国留学活动不断增加。与此同时，所谓"天空开放"的国际航空运输自由化进一步深化的趋势不会改变。为适应经济全球化的新形势和"天空开放"的新趋势，中国民航只能融入到全球化浪潮中，主动实施全球化战略，充分利用全球化的市场和资源，开拓中国民航更广阔的发展空间，促进行业竞争力的快速提升。中国民航既要加大力度"走出去"，在经营服务、资本运作、对外投资、人力资源等方面逐步实现全球化，同时也要扩大和深化开放，把更多更好的东西"引进来"，实现消化吸收再创新。只有把中国民航的国际航线网络覆盖到全球五大洲，通达到每个地区重要国家的主要城市，才能使我国在全球范围的生产、流通、投资和消费成为可能，才能更好地满足我国利用两种资源、两个市场促进经济又好又快发展的要求。

　　航空安全始终是民航发展的重要前提和基础，是民航工作永恒的主题。基础不牢，地动山摇。没有持续安全的保证，建设民航强国无异于沙滩之上起高楼。如果把中国民航比作一架飞向未来民航强国目的地的巨大飞机，那么大众化战略和全球化战略就是它的两个动力十足的引擎，持续安全战略就是托起它平稳飞行的巨大翅膀。

　　民航强国建设任重道远。现在，战略目标已经明确，战略方案已经谋划，战略任务已经部署，战斗号角已经吹响，只要把战略意志行动统一到《建设民航强国的战略构想》的要求上来，团结一致，顽强拼搏，我们就一定能够夺取民航强国建设的伟大胜利。

9.4.3 高素质人才队伍是关键

　　国以才立，业以才兴。建设民航强国、实现民航强国的目标，离不开强大的人才队伍支持。

　　新中国民航成立 60 多年来，特别是改革开放以来，中国民航培养了一批又一批优秀人才，为民航事业的发展作出了重要贡献。但同时也要看到，在新的形势下，民航人才队伍的总体规模和整体素质还跟不上民航技术进步、设备更新和科学管理的步伐，还无法满足行业持续快速发展和参与国际竞争的需要。其中专业人才总量不足，高素质复合型人才短缺，以及由此带来的自主创新能力不强，科技和管理水平相对落后，已成为制约我国民航业发展的重要因素。建设民航强国，必须高度重视人才队伍建设。只有建设强大的高素质人才队伍，才能破解民航强国建设中遇到的发展难题，才能提升全行业核心竞争力，促进民航强国目标的实现。拥有一支高素质的具有明显竞争优势的人才队伍，不仅是建设民航强国的有力支撑，也是民航强国的重要标志。

9.4.4 建设学习型行业是基础

当今世界正处在大发展、大变革、大调整时期，现代科学技术进步日新月异，知识创造、知识更新速度大大加快。在这种大趋势下，无论是一个国家、一个行业还是一个组织，创新能力越来越成为其综合实力和国际竞争力的核心因素。创新能力从何而来？来自持续不断的学习。

民航是科学技术密集、信息化程度高、产业链条长的行业，要实现我国民航由大到强的转变，学习尤为重要。抓住事关民航强国建设，能统领我国民航业发展的全局性、长远性和基础性工作，形成全行业统一的意志和行动，需要通过学习统一思想、提高认识；根据国民经济和社会发展以及参与国际竞争的需要，重点推进持续安全、大众化、全球化三大战略，需要通过学习开阔视野、与时俱进；加强全行业服务运行品质内涵建设，持续全面提升各运行主体的实力，需要通过不断学习、重新学习来提高队伍素质，提升创新能力。

因此可以说，建设学习型行业是推动民航强国建设的基础工程。要紧紧围绕党和国家工作大局，以建设民航强国的战略构想为指引，按照科学理论武装、具有世界眼光、善于把握规律、富有创新精神的要求，以提高全行业干部职工思想政治素质、专业技术水平、综合管理能力为目标，通过学习进一步提升思维层次和发展意识，进一步推动各项工作上新台阶，切实把学习所得转化为推动民航强国建设的正确思路和实际能力。全行业广大干部职工必须切实增强学习的紧迫感和自觉性，更加重视和善于学习，努力运用一切有利于民航强国建设的新思想、新知识、新经验，顺应世界民航发展潮流，牢牢把握推动民航又好又快发展的主动权。

让我们在建设民航强国战略构想的引领下，充分调动行业上下的学习积极性，进一步优化行业学习资源，积极推动学习型行业建设，为实现民航可持续发展，推进民航强国建设进程打好基础、积聚力量。